RENACE

Mi método de 5 pasos para superar la adversidad

Angie Ghosen

RENACE

Copyright Angie Ghosen

Primera edición 2024

ISBN: 9798332568145

Producción y edición: Becoming Editorial

antoniotorrealba.com   @atorreal

Cualquier forma de reproducción, distribución, comunicación pública o transformación de esta obra solo puede ser realizada con la autorización de su titular, salvo excepción prevista por la ley.

Estoy muy orgullosa de todo lo que he logrado a pesar de los tropiezos y barreras puestas en mi camino. Por eso, quiero primero darme las gracias a mí misma por luchar y seguir adelante, por creer y ser fuerte, aunque muchas veces me caí y creí no poder.

Doy gracias a Dios por permitirme pasar por todo lo que he pasado para poder forjar mi camino y permitirme llegar hasta aquí. Cada una de las cosas que sucedieron tiene un porqué y hoy lo estoy viendo. A ti, Dios Padre Todopoderoso, porque eres único e inigualable, gracias.

Quiero agradecer a mis papás, a mi abuela y a mis hermanos por creer en mí, por ser ese apoyo incondicional.

A mi esposo y a mi hija por enseñarme cada día más que sí se puede.

A mis amigas Luisa y Deborah, que no puedo dejar de mencionar porque sería un insulto para la eternidad. Las amo.

Gracias al equipo de Antonio Torrealba por el apoyo durante todo este proceso y sacar de mí lo más valioso. Es indiscutible cómo dejarse guiar por personas calificadas y entrenadas puede llevarte tan lejos. ¡Gracias!

Gracias también a Libia y Lizbeth por hacerme una coach, y por ser mis coach, guiándome en todos mis proyectos y, sobre todo, por quererme y consentirme.

A Verónica, mi psicóloga, que ha cumplido un papel increíble en mi vida durante estos años. Gracias infinitas por tu apoyo incondicional, por pasar de ser una extraña a ser una amiga, a ser alguien en quien confío.

Y por último, pero no menos importante, a ustedes que me leen, que son los que me están mostrando tanto apoyo. Los llevo en el corazón. Quisiera nombrarlos uno a uno, pero no se puede. Hagamos esto corto: ¡los amo!

Gracias infinitas.

CONTENIDO

Presentación 9

RENACE Una ruta para superar la adversidad 13
- 5 pasos para superar la adversidad 17

Fluyendo a la aceptación 27
- Las (necesarias) etapas del duelo 31
- No te detengas en la negación 33

Para comenzar a aceptar 39

Resiliencia, llave de la recuperación 49
- Qué es la resiliencia 53
- Las lecciones de Hawking 54
- Por qué la aceptación
  nos hace resilientes... 5 razones 56
- Transformando los desafíos en fortaleza 60
- Un testimonio de resiliencia........................... 61

Autoaceptación, puerta al crecimiento..................... 65
- Diferencias entre aceptación
  y autoaceptación 69
- Abrazando tu humanidad 71

Historias que enseñan a autoaceptarnos............75
- Mis 5 lecciones de autoaceptación............. 80

Que el estrés juegue a tu favor............85
- 5 claves para convertir el estrés en tu aliado.. 88

De la aceptación a la empatía............93
- Un camino corto............. 97
- Claves para cultivar la empatía............. 98
- Reconociendo la empatía en nuestra vida............. 100
- El altruismo egoísta: ventajas personales de la empatía............. 102
- Escucha activa para una mentalidad comprensiva............. 103

Reconoce los patrones mentales negativos............113
- Qué es un patrón mental negativo............. 116
- Actitudes alimentadas por pensamientos negativos............. 118

El necesario viaje a la infancia............121
- Patrones negativos que anulan tu potencial... 124

Desarrolla patrones mentales constructivos............129
- Tu propio jardín mental............. 133
- Un "mise en place" de pensamientos constructivos............. 135

- Beneficios de adoptar patrones mentales constructivos 137

Superando la oscuridad y el silencio 141
- Lecciones de luz 144

Conoce los matices de la culpa 155
- Tipos de culpa 158
- Los beneficios de la culpa reparadora 161

Cuando la culpa no se va 165
- 10 efectos graves de la culpa corrosiva 168

Diálogo interno contra la culpa 173
- Para cambiar lo que te dices a ti mismo 176
- 7 pasos para empezar 178

que no te manipulen con la culpa 181
- Contra las tácticas manipuladoras 184

La gratitud, más que dar las gracias 193
- Las "ganancias" de ser agradecido 196
- Lecciones de gratitud 197
- Mis aprendizajes 198

La gratitud, una mentalidad de abundancia 201
- Para una mentalidad de agradecimiento 204

Vivencias adversas, fuentes de gratitud 209
- El ciclo de la bondad 213

Busca la gratitud en tu baúl de vivencias 215
- Tienes muchos motivos para agradecer 218
- Cómo agradecer, sinceramente 220
- La carta de Camus,
  monumento a la gratitud 221

Superar desafíos: establece metas y acciones 229
- Las lecciones de Malala 232
- 5 pasos para solucionar 233

Descubre tu propósito con el ikigai 237
- 20 motivos para inspirarte 240
- Conoce el ikigai 242
- Las ventajas de esta filosofía 245

Sin pasión no hay propósito 247
- 10 preguntas clave para descubrir tu pasión .. 250
- Para hallar tu pasión y dejar tu huella 252

Eso que nos hace únicos 255
- Diferénciate con tus talentos 258

Abraza un método 261
- Las consecuencias de improvisar 263
- Métodos eficaces para fijar metas 266

La tenacidad, el arte de no rendirse 277
- Inquebrantable 280

RENACE en un capítulo 283
- 1. Recibe la aceptación 285
- 2. Neutraliza los pensamientos negativos 286
- 3. Aleja la culpa 288
- 4. Cultiva la gratitud......................... 289
- 5. Entra en acción 291

Un nuevo comienzo con RENACE 293

PRESENTACIÓN

Me llamo Angie y fui una niña CODA, acrónimo en inglés de Child of Deaf Adults, es decir, hijos de adultos sordos. Tal situación me sumergió en un mundo de contrastes.

Siendo hija de padres sordos, y a pesar de las dificultades que esto implica, encontré en el relativo silencio una forma única de conexión con mis padres. Con ellos aprendí que la diversidad y las diferencias pueden ser una fuente de fortaleza y crecimiento personal.

Esa infancia peculiar me dio herramientas emocionales valiosas para tratar a mi pequeña hija Camila, a quien los médicos confirmaron que tiene problemas de la audición, en inglés se dice (hard to hearing) difícil de escuchar.

Con mis padres, y ahora con mi niña, he vivido y vivo el proceso de completación personal que va desde la aceptación de lo que nos toca por diversas circunstancias, e incluso por el azar genético, hasta el arte de agradecer libre de culpas asumiendo la vida como lo que es: una maravilla a ser moldeada con nuestro actuar cotidiano.

> LO QUE MÁS DESEO ES QUE SIRVA DE INSPIRACIÓN PARA TI Y TANTAS OTRAS PERSONAS QUE VIVEN SITUACIONES DIFÍCILES, SIMILARES A LAS QUE YO HE VIVIDO.

Durante mi infancia y juventud aprendí a desarrollar el coraje necesario para enfrentar los desafíos que me esperaban en cada esquina. En este libro te compartiré las dificultades que he encarado durante mi vida, así como 5 pasos para romper el silencio y escuchar tu fuerza interior. Una ruta para convertir la adversidad en oportunidad de crecimiento.

Exploraré temas como el rechazo, la frustración y la falta de comprensión, y cómo estos desafíos me han fortalecido en lugar de debilitarme. La clave de todo es cultivar la aceptación que lleva a la resiliencia y a la gratitud, para seguir andando más fuertes y decididos que antes.

HALLARÁS EN ESTAS PÁGINAS ACTIVIDADES PRÁCTICAS Y TEST PARA TU VIAJE DE SUPERACIÓN.

Acá, entonces, abro las páginas de mi vida para ofrecerte un mensaje de esperanza y empoderamiento. Porque todos tenemos el potencial de crear cambios significativos en nosotros, sin importar las adversidades o las condiciones que nos hayan tocado en la vida.

Yo decidí crear y ser una mujer poderosa, abundante y exitosa y tú ¿qué decides crear hoy?

Angie Ghosen
@angieghosen

RENACE
Una ruta para superar la adversidad

Esta es la crónica de 3 generaciones de mi familia enfrentando la pérdida de audición con valentía y amor. La experiencia me inspiró a crear mi Método RENACE, 5 pasos para superar adversidades. Hoy te invito a explorar este camino transformador conmigo.

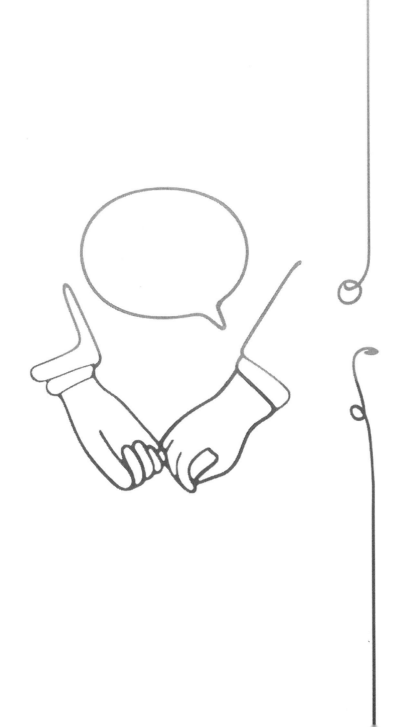

He vivido en un mundo donde las palabras son gestos y los gestos son palabras. Tal fue y sigue siendo la realidad de mi familia: mi mamá escuchó el mundo hasta que llegó a los siete años. Una fiebre de más de 40 °C, causada por intoxicación con pescado contaminado, lo que llevó a una meningitis y, con ello, a la pérdida de su capacidad para oír.

Fue un antes y un después, claro está, pero ella ganó su nueva realidad y aprendió a vivir en un universo sin sonido. En ese entonces, todos podrían haber dicho que su vida estaba marcada por la tragedia. Pero mi mamá es una guerrera, y ganó su nueva vida con valentía lo que me asombra cada día.

Ya de adulta, en unas vacaciones en Venezuela, mi mamá, originaria de Colombia, decidió que quería conocer a personas que compartieran su misma condición. Por esa simple razón visitó una comunidad para personas sordas. Ahí estaba mi papá, quien también es sordo, pero él lo es de nacimiento (no se sabe a ciencia cierta la razón de su pérdida de audición), él la vio y le dijo al instante: "Tú te quedas conmigo". Y así fue.

ESAS VACACIONES SE CONVIRTIERON EN UNA VIDA JUNTOS, UN VÍNCULO FASCINANTE QUE SIEMPRE ME HA CAUTIVADO.

Cuando nací, me instruyeron en el lenguaje de señas antes incluso de que pudiera hablar. A medida que fui creciendo, entendí que mi familia era una lección viva de resiliencia y aceptación.

Y ahora, con mi pequeña Camila, la historia se repite pero con un nuevo capítulo. Los médicos confirmaron lo que ya temíamos: ella también ha perdido un poco su capacidad para oír, digo un poco, porque puede oír pero en un volumen más bajo, quizás la mitad de lo que oye una persona normalmente, pero con la tecnología que hoy tenemos logramos obtener unos audífonos especiales hechos a su tipo de audición y así ella puede oír mejor.

Sí, mi corazón se hundió ante la situación de Camila. Pero al mirar a mis padres, recuerdo que el amor no necesita sonido. En vez de desesperarme, retomé el legado de resiliencia y aceptación de mis padres. Con ellos, y ahora con mi pequeña hija, estoy viviendo un continuo proceso de completación personal: desde la aceptación de nuestra realidad, pasando por enfrentar los pensamientos negativos, liberar la culpa, hasta llegar al agradecimiento y la acción.

LA VIDA NOS ARROJARÁ CURVAS Y NOS PONDRÁ OBSTÁCULOS, A VECES MÁS GRANDES DE LO QUE IMAGINAMOS PODER SOPORTAR. PERO EN CADA UNO DE ESOS MOMENTOS, TENEMOS UNA ELECCIÓN.

Podemos quedarnos atrapados en el "por qué a mí", o podemos aceptar, enfrentar, liberar, agradecer y actuar. Y al final del día, son esas elecciones las que definen no solo quiénes somos, sino también quiénes podemos llegar a ser.

5 pasos para superar la adversidad

Te invito a partir de ahora a transitar por este proceso de superación de un trauma o situación adversa que simplifiqué en cinco paradas clave:

RENACE, MI MÉTODO DE 5 PASOS

1. Recibe la aceptación
2. Neutraliza los pensamientos negativos
3. Aleja la culpa
4. Cultiva la gratitud
5. Entra en acción

1. Recibe la aceptación
2. Neutraliza los pensamientos negativos
3. Aleja la culpa
4. Cultiva la gratitud
5. Entra en acción

Detengámonos en cada uno de los pasos:

1. **Aceptación.** Representa el principio y base del proceso. Aceptar quiénes somos y nuestra situación particular, por difícil que nos parezca, es el primer paso hacia el cambio y el crecimiento.

2. **Neutralizar los pensamientos negativos.** Aquí te orientaré para vivir el proceso de identificar, analizar y abordar los pensamientos negativos que nos asaltan a cada rato y que pueden limitarnos o generar ansiedad.

3. **Alejar la culpa.** Sugiere liberarse de la carga emocional, a veces abrumadora, que puede venir de errores pasados, acciones y omisiones, que nos hacen sentir culpables.

4. **Cultivar la gratitud.** Es una variable clave en la ecuación triunfadora, puesto que la gratitud nos ayuda a enfocarnos en las cosas positivas y edificantes de la vida cambiando nuestra perspectiva.

5. **Entrar en acción.** Representa la culminación de estos procesos ya que asumimos la realidad y la vemos desde otra perspectiva, estando mejor preparados para tomar medidas, superar cualquier proceso de manera más positiva y así mejorar nuestras vidas.

¿Ves cómo en este recorrido las paradas o puntos trabajan en armonía para conseguir el crecimiento personal y el bienestar? Todo concluye en la acción, es decir, actuar sin culpas y con pensamientos edificantes para sobreponernos a las dificultades y construir nuestro camino ascendente.

LA REALIDAD DE CADA CUAL ES COMPLEJA Y ÚNICA, DE MANERA QUE ESTÁ EN TI ADECUAR ESTA ECUACIÓN PARA SUPERAR UNA CRISIS O ADVERSIDAD Y CAMINAR CON DETERMINACIÓN AL CRECIMIENTO PERSONAL.

Son solo cinco variables que encierran un mundo de actitudes, cambios y voluntad personal. Cada una será el punto de partida para que te apropies de herramientas emocionales y conductuales manejando adecuadamente tus circunstancias desafiantes y caminando hacia tu reafirmación como persona única, irrepetible y maravillosa.

No estás solo en este viaje. Todos tenemos nuestras propias batallas, y también todos tenemos dentro de nosotros la capacidad para superarlas, aprender de ellas y, sí, incluso agradecer por ellas.

1
Recibe la ACEPTACIÓN

La aceptación da paso a la búsqueda de soluciones. Aceptar que pasamos por una dificultad nos permite activar recursos internos y externos para encararla, fortalece la resiliencia y la autoconfianza.

Ser una hija de padres sordos es un desafío único que también ofrece una gran oportunidad de crecimiento y aprendizaje. Solo cuando los hijos CODA se aceptan como tal, es cuando aprendemos a comunicarnos de manera visual, a valorar la expresión corporal y a apreciar la belleza del lenguaje de señas.

LA ACEPTACIÓN ES LO QUE NOS ABRE LAS PUERTAS A EXPERIENCIAS INÉDITAS Y A CONSTRUIR LA EMPATÍA Y LA RESILIENCIA, DOS CONCEPTOS DE LOS QUE TE HABLARÉ LUEGO.

Aceptar no es fácil, especialmente para quienes no han pasado por situaciones muy difíciles o que le "superan". Se requiere consciencia de que hay cosas que no podemos cambiar y que simplemente son "la voluntad de Dios", como decimos quienes creemos en un Creador. Aunque muchos dicen aceptar la voluntad divina, en la práctica les cuesta aceptar lo que ocurre.

Para creyentes o no, el proceso de aceptación pasa para cualquiera que viva una adversidad: desde un problema de salud, hasta la pérdida del trabajo; desde una ruptura sentimental hasta la muerte de un ser querido.

En mi caso, me costó aceptar que mi hija Camila tenía problemas auditivos desde su nacimiento. Pasé por un largo proceso de negación, la llevé a tres médicos diferentes y finalmente tuve que afrontar la realidad cuando los exámenes médicos fueron concluyentes.

Ha sido un camino largo y doloroso, pero edificante y al final liberador, aunque actualmente esté en ello. Lo trataré de resumir a continuación, con algunos consejos que a mí me han funcionado.

Antes hagamos un ejercicio, responde esta pregunta:

TEST

¿ESTOY EN UN PROCESO DE NEGACIÓN?

A partir de la información anterior, te invito a responder el siguiente test con respuestas Sí/No, deteniéndote en los resultados correspondientes para saber si protagonizas ahora un proceso de negación

PREGUNTAS	SÍ	NO
¿Tiendes a enfocarte solo en la información que confirma tus creencias y a ignorar/minimizar cualquier evidencia contraria?		
¿Creas excusas racionales frecuentemente para justificar tu rechazo a ciertas realidades?		
¿Evitas activamente las emociones negativas distrayéndote, manteniéndote ocupado o a través de comportamientos adictivos?		

¿Te resistes a realizar cambios necesarios para abordar ciertas situaciones problemáticas?		
¿Persisten en tu vida patrones de comportamiento que sabes que son disfuncionales o dañinos?		
¿Sientes que a veces te engañas a ti mismo para evitar malestar emocional?		
¿Te has vuelto más defensivo, distante o manipulador con tus seres queridos últimamente?		

RESULTADOS

Si has respondido "Sí" a la mayoría de las preguntas, es probable que estés experimentando algún nivel de negación sobre ciertos aspectos de tu vida. Considera la posibilidad de buscar ayuda profesional.

Si has respondido "Sí" a algunas preguntas, podrías tener cierta tendencia a la negación en situaciones estresantes. Intenta incrementar tu autoconciencia y no temas enfrentar realidades dolorosas cuando sea necesario.

Si has respondido "No" a la mayoría, es menos probable que estés atravesando actualmente un proceso significativo de negación. De todas formas, mantente atento a señales de advertencia en el futuro.

ANGIE GHOSEN

Fluyendo a la
ACEPTACIÓN

La aceptación da paso a la búsqueda de soluciones, pues supone aceptar la realidad que estamos viviendo y la búsqueda de recursos para encararla.

Hoy quizá fue el día en que la verdad irrumpió en tu vida como un elefante en una tienda de cristal. Tal vez fue una llamada de tu jefe diciendo que necesitaban "hablar" contigo, o el mensaje de texto de tu pareja con ese tono tan formal que nunca usa, como el anuncio de una tormenta.

Podría ser un informe médico con resultados que preferirías no haber visto o una carta de rechazo de esa universidad o empleo que representaba tu salida, tu futuro. Lo que sea que haya sido, no puedes evitarlo más, es real aun cuando no quisieras que ocurriese.

Y aquí estás, con el peso de esa verdad asfixiante, con los ojos fijos en la pantalla de tu teléfono o en ese papel que sientes como una losa.

Casi puedes oír las ruedas de tu mente girando a toda velocidad, buscando una salida, una excusa, una razón para dudar de la realidad que te enfrenta. "Debe haber un error", te repites como un mantra. "Esto no puede estar pasando".

Haces todo lo posible para distraerte. Quizás te pierdas en una serie de televisión, o quizás empieces a hacer planes grandiosos e irrealizables para el futuro, algo que te devuelva esa sensación de control.

Tal vez te aferras a pequeños detalles insignificantes como si pudieran deshacer el peso del gran cambio que se avecina en tu vida: el tono de voz de tu jefe cuando te llamó, la pausa en la conversación con tu pareja antes de soltar la noticia.

Agarras esos fragmentos y los construyes en una torre de negación, convenciéndote de que no, las cosas no pueden ser tan malas como parecen. Pero las torres, incluso las bien construidas, tienen que caer en algún momento.

LA DIFICULTAD DE LA ACEPTACIÓN RADICA EN SU BRUTAL HONESTIDAD. ACEPTAR ES ENFRENTAR ESE REFLEJO EN EL ESPEJO QUE MUESTRA NO SOLO LO QUE QUEREMOS VER, SINO LO QUE REALMENTE ESTÁ AHÍ.

Es el acto valiente de pararse en el ojo de la tormenta que es tu vida en este momento y admitir que sí, esto está pasando. Y duele, claro que duele, porque la aceptación no viene con una varita mágica que arregle todo. Pero lo que sí hace es poner fin al caos autoinfligido de la negación, permitiéndote al fin ver con claridad qué es lo que tienes que hacer a continuación.

"NO HAY NADIE MENOS AFORTUNADO QUE EL HOMBRE A QUIEN LA ADVERSIDAD OLVIDA, PUES NO TIENE OPORTUNIDAD DE PONERSE A PRUEBA". SÉNECA, FILÓSOFO ROMANO.

Y aunque tomar ese primer paso es aterrador, es también el único camino hacia cualquier tipo de resolución o paz. Aceptar la realidad tal como es, te da al menos, una base firme desde donde empezar a moverte.

Las (necesarias) etapas del duelo

El duelo es esa montaña rusa emocional que experimentas cuando pierdes algo o a alguien importante en tu vida. Puede ser la muerte de un ser querido, el final de una relación, o cualquier otro cambio significativo que te sacuda por completo. Sus etapas son:

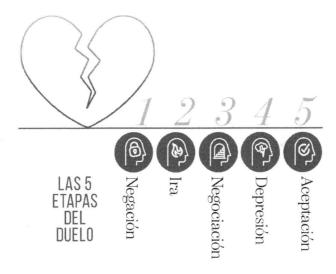

1. **Negación.** Al principio, es como si estuvieras en shock. No puedes creer que esto te esté pasando a ti. "Esto no puede ser verdad", te dices a ti mismo.

2. **Ira.** Luego viene el enojo. Te sientes furioso con el mundo, con otros, o incluso contigo mismo. "¿Por qué yo? ¿Por qué ahora?"

3. **Negociación.** Aquí empiezas a hacer tratos imaginarios. "Si solo hubiera hecho esto o aquello, tal vez las cosas serían diferentes", piensas.
4. **Depresión.** Llega un momento en que el peso de lo que has perdido realmente te golpea y te sientes abrumado por la tristeza o la desesperación.
5. **Aceptación.** Finalmente, llegarás a un punto donde aceptas que la pérdida es una parte de tu vida que tienes que aprender a vivir.

Cada etapa tiene su propósito y es una parte natural de curar. Pero quiero enfocarme en la aceptación porque, aunque suena fácil, puede ser la más difícil.

ACEPTAR NO SIGNIFICA QUE ESTÉS BIEN CON LO QUE PASÓ, O QUE YA NO SIENTAS DOLOR. PERO SIGNIFICA QUE DEJAS DE RESISTIRTE A LA REALIDAD Y EMPIEZAS A VIVIR DE NUEVO.

Cuando aceptas, dejas de gastar energía en desear que las cosas sean diferentes y comienzas a ver cómo puedes adaptarte y encontrar un significado o un propósito en tu nueva realidad.

Es como si las nubes se dispersaran un poco y pudieras ver un camino por delante, incluso si es un camino que nunca quisiste tomar.

Por eso, debes permitirte pasar por cada etapa del duelo y, en especial, trabajar hacia la aceptación. No hay una línea de tiempo específica para esto; cada persona es diferente. Pero al permitirte sentir y procesar cada etapa, estás creando un espacio para sanar y, eventualmente, para encontrar una forma de seguir adelante.

"Yo no soy lo que me sucedió. Yo soy lo que elegí ser".
Carl Gustav Jung (1875-1961) Psicólogo y psiquiatra suizo.

Espero que esto te ayude a entender un poco mejor el proceso del duelo y por qué es tan importante enfrentar cada etapa, especialmente la de aceptación.

No te detengas en la negación

La negación es un mecanismo de defensa psicológico ¡muy instintivo! ante una realidad dolorosa, incómoda o amenazante. Así que no te sientas mal por ser demasiado humano ante una realidad adversa.

"En las adversidades es cuando sale a la luz la virtud".
Aristófanes, dramaturgo griego.

Por nuestra salud mental y emocional, es clave conocer que estamos en la fase de negación y que esta es una reacción natural y muy humana que experimentamos.

Entre otras cosas, porque nos permite ser más comprensivos con uno mismo; nos ayuda a no juzgar ni forzar a aceptar la realidad antes de sentirnos listos; facilita transitar por las otras etapas del duelo sin estancarnos y, en fin, nos sana al brindar tiempo y espacio para asimilar gradualmente la pérdida y llegar a la siguiente etapa.

Si te sientes retratado en las siguientes situaciones, es que has estado o estás atrapado en este mecanismo de evasión. Te doy a continuación algunas pistas:

Comportamientos en el estado de negación

- **Percepción selectiva:** en la negación, las personas tienden a prestar atención selectivamente a la información que respalda sus creencias o deseos y a ignorar, minimizar o distorsionar cualquier evidencia que contradiga esas creencias o deseos. Esto nos lleva frecuentemente a una visión distorsionada de la situación.

- **Creación de excusas:** ¿alguna vez has creado o forzado explicaciones racionales o excusas para justificar tu rechazo de la realidad? Estas excusas pueden ser lógicamente insostenibles, pero ayudan a mantener la ilusión de que todo está bien.

- **Evitación de emociones:** la negación puede estar acompañada de una evitación activa de las emociones negativas asociadas con la realidad que se está negando. Las personas pueden distraerse constantemente, mantenerse ocupadas o recurrir a comportamientos adictivos para evitar sentir la angustia emocional.

- **Resistencia al cambio:** aquellos en estado de negación suelen resistirse a cualquier cambio necesario para abordar la situación. Quizá sea por el miedo a lo desconocido o al temor de enfrentar las consecuencias de la verdad.

- **Persistencia de patrones disfuncionales:** en algunos casos, la negación puede llevar a la persistencia de patrones de comportamiento disfuncionales. Por ejemplo, alguien que niega un problema de abuso de sustancias puede continuar consumiendo a pesar de las consecuencias negativas.

- **Autoengaño:** la negación implica autoengaño, en el sentido de que la persona se engaña a sí misma para evitar el malestar emocional. Esto es un proceso inconsciente, y la persona puede realmente creer en su versión distorsionada de la realidad.

- **Impacto en las relaciones:** ¿te has sorprendido que estás a la defensiva con frecuencia o que te has distanciado de tus familiares y amigos? En un proceso de negación, las personas pueden estar a la defensiva, distantes o incluso manipuladoras para mantener su ilusión.

¿Por qué es tan importante aceptar? Porque sin ello te paralizas, literalmente. Si te mantienes en la negación serás incapaz de despojarte de miedos y actuar para avanzar hacia una solución.

ACEPTAR LA SITUACIÓN, Y A NOSOTROS MISMOS DENTRO DE ELLA, ES EL PRINCIPIO DE TODO PROCESO DE SANACIÓN Y CRECIMIENTO.

Hagamos una actividad

Estas actividades, basadas en mi método RENACE, te servirán a lo largo del libro para remarcar la información y practicar efectivamente los consejos en tu ruta hacia la superación de la crisis o el problema que tengas.

Renace

ENCARANDO LA ADVERSIDAD

Busca un cuaderno o bloc de notas para estos ejercicios, en los que puedas visualizarlos y acudir a ellos cuando lo necesites. Empecemos con la primera:

1. Describe la dificultad o adversidad que estás enfrentando de manera honesta y específica, sin minimizarla, pero tampoco haciendo un drama de ello. Este ejercicio es importantísimo, puesto que te ayudará a pensar en el problema desde su justa dimensión.

2. Permítete sentir todas las emociones que surgen como resultado de la dificultad y escríbelas, ya sea tristeza, ira, miedo o frustración. No te juzgues por tener estas emociones. La escritura te ayudará a dejar fluir tus sentimientos.

3. Describe cómo afecta tu vida lo que está sucediendo. Esto te ayudará a buscar la información adecuada y los apoyos necesarios.

4. Escribe 3 o 4 acciones realistas que puedas realizar a corto plazo para encarar el problema o dificultad, esto te ayudará a avanzar a mayor medida que cumples las pequeñas metas. Comprométete contigo mismo, trátate con amabilidad y compasión en lugar de culparte por la dificultad.

5. Escribe al menos cinco cualidades que hayas ejercido en medio del problema o situaciones retadoras previas. Reconoce que enfrentar dificultades es una parte natural de la vida.

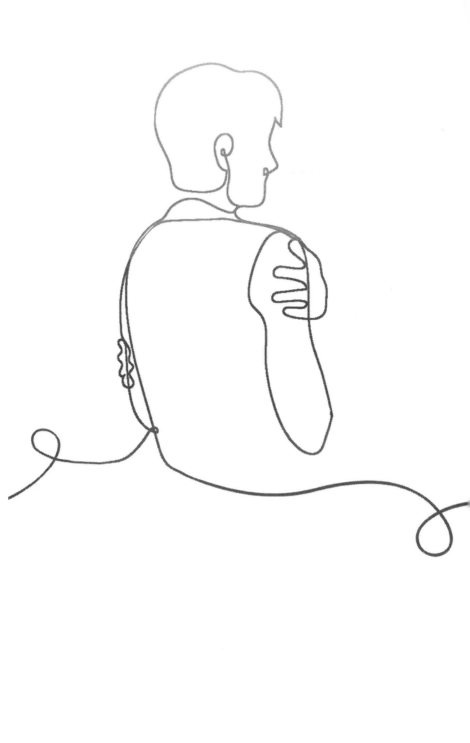

Para comenzar a ACEPTAR

No te voy a mentir, es un proceso duro, lleno de lágrimas y frustración. Pero algo sorprendente ocurrirá en tu camino hacia la aceptación: empezar a sentirte liberado. Aquí te digo cómo.

Te entiendo. Has estado ahí, en ese lugar oscuro y silencioso donde la negación parece ser tu único amigo. Es como si te aferraras a un salvavidas en medio de la tormenta, esperando que de alguna manera te lleve a puerto seguro. Pero ahí está la cuestión: el salvavidas de la negación tiene un límite de tiempo; tarde o temprano te arrastrará hacia abajo.

Por ejemplo, conozco a alguien llamado Luis, quien recibió un diagnóstico médico preocupante. Al principio, optó por ignorarlo. Se sumergió en el trabajo y evitó las conversaciones serias con su familia. Pero cada día que pasaba, los síntomas se volvían más difíciles de ignorar.

LA VOZ EN SU CABEZA QUE LE DECÍA "ESTO NO PUEDE ESTAR PASÁNDOME A MÍ" COMENZÓ A DEBILITARSE, REEMPLAZADA POR LA DURA VERDAD DE SU SITUACIÓN.

Un día, Luis simplemente no pudo más. Al mirar a su familia, se dio cuenta de que su negación no solo lo estaba afectando a él, sino también a las personas que amaba. Ese fue el catalizador. Comenzó a buscar ayuda, consultó a diferentes médicos y finalmente aceptó su diagnóstico.

Aceptando su realidad, Luis encontró la fuerza para enfrentar lo que venía por delante. Tomó un tratamiento, ajustó su estilo de vida y comenzó a apreciar cada día de una manera que nunca había hecho antes. No fue un camino fácil, pero la aceptación le dio una nueva perspectiva y una fuerza que no sabía que tenía.

Así que si estás ahí, en ese punto de negación, quiero que sepas que sí, es un lugar común en el que caer, pero no es donde tienes que quedarte. Aceptar tu realidad, por dura que sea, es el primer paso para encontrar una forma de vivir con ella, y quizás, a través de ella. Y créeme, una vez que te das el permiso de aceptar lo que está pasando, te das el poder de controlar cómo afectará el resto de tu vida.

EL PROCESO DE LA ACEPTACIÓN

1. Reconocimiento del problema
2. Aceptación emocional
3. Comprensión
4. Ajuste y adaptación
5. Integración
6. Crecimiento personal

1. Reconocimiento del problema

En esta parada, reconoces que hay una realidad que has estado evitando o negando. Puede ser un problema de salud, una relación tóxica, una pérdida, o cualquier otro desafío personal, lo que requiere enfrentar la realidad y aceptar que hay un problema o una situación que necesitas abordar.

- Sé honesto contigo mismo y admite la situación.
- Reconoce tus emociones, incluso si son dolorosas.
- Evita la autocrítica; es normal y muy humano sentir resistencia en esta etapa.

2. Aceptación emocional

En esta fase, permites que tus emociones fluyan, como la tristeza, el enojo, el miedo u otras emociones que surgen al enfrentar la realidad.

Es muy probable que no puedas afrontar en solitario estas emociones, así que te sugiero que busques apoyo de amigos, familiares o profesionales de la salud mental.

¡No te imaginas cuánto me ha ayudado mi terapeuta en mi largo proceso de sanación emocional! Incluso sigo con ella, ya forma parte de mi vida, de mi rutina. Es alguien en quien confío y me apoyo, pues me ayuda a reconocer muchas cosas que yo sola no veo de mí misma. Lo hace desde el amor y lo acepto desde el amor.

> **HABLAR CON ALGUIEN DE CONFIANZA PUEDE AYUDARTE A PROCESAR TUS EMOCIONES Y OBTENER UNA PERSPECTIVA OBJETIVA. NO ESTÁS SOLO Y BUSCAR APOYO ES UN SIGNO DE FORTALEZA, NO DE DEBILIDAD.**

- Permítete sentir tus emociones sin juzgarte.

- Encuentra formas saludables de expresar tus sentimientos, como hablar con un familiar, un confidente o un psicoterapeuta, Salir de la negación es un proceso desafiante, pero es un paso clave hacia la salud emocional y la resolución de problemas.

- Busca actividades que te ayuden a gestionar el estrés, como la meditación o el ejercicio.

3. **Comprensión**

En este punto buscas comprender la situación en un nivel más profundo. Preguntas por qué sucedió, por qué te sientes de cierta manera e indagas en el problema para ver qué puedes hacer al respecto.

Es una etapa donde aprendes más sobre la situación que has estado negando y apelas a tu memoria. Recordé, por ejemplo, que mis abuelos acudieron a la tecnología para ayudar a mi papá a escuchar con audífonos especiales para sordos, lamentablemente estos le producían fuertes dolores de cabeza que lo obligaron a dejarlos de lado. Para entonces la tecnología no estaba tan avanzada; ahora puedes ajustar el volumen según la necesidad de cada uno para evitar el dolor de cabeza, sino más bien ajustar hasta acostumbrarse.

Esta información me sirvió para indagar sobre los implantes de ahora, que son más avanzados, como ya te comenté.

Solo cuando acepté que mi hija nació con pérdida de la audición, pude encarar mejor la situación para tomar decisiones informadas. Porque la aceptación da paso a la búsqueda de soluciones.

DE HABERME QUEDADO EN ESTADO DE NEGACIÓN, NO HABRÍA PENSADO EN BUSCAR LA INFORMACIÓN ADECUADA PARA ABORDAR EL PROBLEMA.

- Haz preguntas reflexivas sobre la situación.
- Busca información profesional o calificada sobre el problema o situación o acude al consejo de un experto si es necesario.
- Practica la empatía hacia ti mismo y hacia los otros involucrados.

4. Ajuste y adaptación

En esta fase, comienzas a ajustar tu vida a la nueva realidad. Esto implica cambios en tus acciones, metas o expectativas. Te advierto que la aceptación reclama su tiempo y no es igual para todos. Cada cual tiene sus tiempos y velocidades para procesar un problema o crisis. respeta tu tiempo, es único, no volverá y te servirá para sanar y sacar lo mejor de la situación.

TRABAJA EN ACEPTAR LA REALIDAD GRADUALMENTE, SIN PRESIONARTE. ES NORMAL TENER ALTIBAJOS EMOCIONALES DURANTE EL PROCESO DE ACEPTACIÓN.

- Establece metas realistas y alcanzables, sin que sumen angustia a tu problema o realidad.
- Diseña un plan de acción gradual para abordar la situación; no te apresures.
- Sé flexible y abierto a ajustar tu enfoque según lo cosnsea necesario.

5. **Integración**

En este punto, la realidad aceptada se integra en tu vida cotidiana. Aunque la situación aún es difícil, aprendes a vivir con ella y a encontrar un nuevo equilibrio.

- Felicítate por tus los logros, incluso si son modestos.
- Mantén un sistema de apoyo en el que puedas confiar.
- Sigue cuidando de tu bienestar físico y emocional.

6. **Crecimiento personal**

En esta fase, experimentas un crecimiento personal asumiendo tu realidad. Se desarrolla resiliencia y sabiduría.

- Reflexiona sobre lo que has aprendido de la situación.
- Considera cómo puedes utilizar esta experiencia para crecer y ayudar a otros.
- Practica la gratitud por las lecciones y oportunidades de crecimiento.

Renace

"EL LADO BUENO DE LAS COSAS"

Te invito a ver la película "El lado bueno de las cosas" (2012), basada en la historia de una familia que enfrenta la discapacidad de uno de sus hijos con una actitud positiva y amorosa. Para aprovechar las lecciones que nos dá sobre la aceptación y la superación de los desafíos, haz estos ejercicios:

- Visualiza cómo sería aceptar plenamente aquellas partes de tu realidad que no puedes cambiar de momento. Imagina la paz interior que te daría.

- Así como la familia Leigh aceptó la discapacidad del hijo, piensa cómo adaptarte e incluso sacar lo mejor de tu situación.

- Haz una lista de acciones que podrías hacer a partir de aceptar tu realidad en vez de luchar contra ella.

- Piensa en momentos pasados donde aceptar una situación difícil te fortaleció. Anótalos y las lecciones que aprendiste.

- Establece una afirmación positiva que te recuerde aceptar tu realidad presente con serenidad para moverte hacia delante.

RESILIENCIA,
llave de la recuperación

La primera vez que escuché la palabra resiliencia no me dijo mucho, pero luego me di cuenta de que cada vez que nos recuperamos tras una crisis o cuando nos levantamos después de caer, estamos encarnándola.

Siempre me ha conmovido la historia de Stephen Hawking, por haber sido uno de los testimonios más inspiradores de resiliencia de los últimos tiempos y uno de los científicos más deslumbrantes de la física.

Desde su infancia en Oxford, Inglaterra, Stephen demostró una curiosidad extraordinaria por el mundo que lo rodeaba, según sus biógrafos. Tanto, que su límite fue el universo y sus intrigantes agujeros negros.

A los 21 años, mientras estudiaba en la Universidad de Cambridge, Stephen recibió un diagnóstico devastador: esclerosis lateral amiotrófica (ELA), una enfermedad degenerativa y cruel que amenazaba con arrebatarle la vida en poco tiempo, como usualmente pasa con estos pacientes. La sombra de la desesperación llegó a arrinconarlo en ciertos momentos.

> LA VIDA ESTÁ LLENA DE CAMBIOS, ALGUNOS PREVISIBLES Y OTROS INESPERADOS. LA ADAPTABILIDAD PERMITE MANEJAR ESTOS CAMBIOS INCLUSO DESLUMBRANTEMENTE, COMO DEMOSTRÓ STEPHEN HAWKING.

Sin embargo, Hawking demostró que él era mucho más que su cuerpo. En lugar de rendirse ante un destino oscuro, decidió luchar con todas sus fuerzas. Continuó sus estudios doctorales tras el diagnóstico y llegó a ser profesor en Cambridge. Publicó el superventas "Breve historia del tiempo" y otros libros de física para el público general.

Frente a la pérdida gradual de su movilidad y su voz, Stephen halló una manera innovadora de comunicarse. Utilizando una computadora especial con un sintetizador de voz, aprendió a expresar sus pensamientos a través de pequeños movimientos de sus mejillas. Aquella tecnología se convirtió en su voz y su conexión con el mundo.

A pesar de su lucha diaria contra la ELA, Hawking continuó su trabajo científico incansablemente. Sus estudios sobre agujeros negros y la relatividad general abrieron nuevos horizontes en la física teórica. A pesar de las limitaciones de su cuerpo, su mente exploró los misterios del cosmos de una manera que nadie más había logrado.

"Por muy limitadas que fueran mis perspectivas de supervivencia, había una cosa por la que no iba a rendirme jamás: exploraría el universo y trataría de descubrir sus maravillas." Stephen Hawking

Su vida fue un recordatorio conmovedor de que, incluso en medio de la adversidad más oscura, la luz de la determinación y la pasión puede brillar intensamente. Stephen Hawking desafió todas las probabilidades y vivió décadas más allá de las expectativas médicas.

Pero su legado no se limita a su brillantez científica. Su historia de superación inspiró a millones de personas en todo el mundo a nunca darse por vencidas, sin importar cuán desalentadoras sean las circunstancias. Su valentía y resiliencia son un faro de esperanza para aquellos que enfrentan los más duros desafíos.

Qué es la resiliencia

Esta capacidad tiene sus raíces en el término latino "resilire", que significa "rebotar" o "saltar hacia atrás", "replegarse", como un resorte.

En el contexto humano, la resiliencia describe la capacidad de las personas, las comunidades o las organizaciones para adaptarse y recuperarse frente a situaciones difíciles, traumas o desafíos. Seguro que tú también lo has vivido.

LA ADAPTABILIDAD, UN FACTOR CLAVE DE LA RESILIENCIA, ES LA CAPACIDAD DE AJUSTARSE A CIRCUNSTANCIAS ADVERSAS O CAMBIOS EN NUESTRO ENTORNO.

Las personas resilientes pueden manejar los cambios y las dificultades porque están dispuestas a ajustar sus estrategias o enfoques cuando es necesario. En lugar de aferrarse a lo que es familiar, están abiertas a aprender y a explorar nuevas formas de hacer las cosas.

Las lecciones de Hawking

Adaptarse requeiere emplear los recursos que tenemos a mano y adquirir nuevas capacidades oportunamente. La adaptabilidad no solo ayuda a sobrevivir en la adversidad, sino que también permite prosperar, aprovechando las oportunidades y recursos emergentes y aprendiendo de las nuevas experiencias.

Por ello Hawking encarna la adaptabilidad, y nos dejó lecciones de vida, más allá de sus brillantes teorías sobre los enigmáticos agujeros negros:

- **Determinación:** Hawking demostró que la determinación inquebrantable puede superar las circunstancias más difíciles. A pesar de su diagnóstico de ELA, se negó a rendirse y mantuvo sus metas con pasión y dedicación.

- **Enfocarse en lo que podemos hacer:** a pesar de las limitaciones físicas, Hawking se centró en lo que aún podía hacer en lugar de lo que no podía. Esto lo llevó a aprovechar al máximo su mente brillante y encontrar soluciones creativas para comunicarse y continuar su investigación.

- **Resiliencia:** su vida es un testimonio de la resiliencia humana. Superó obstáculos constantes y desafíos imprevistos sin perder su alegría de vivir e incluso su conocido sentido del humor.

- **Aprovechar la tecnología:** su uso de una computadora con sintetizador de voz le permitió comunicarse y continuar su trabajo. Nos enseña que la tecnología es herramienta poderosa para superar obstáculos.

- **Fuente de inspiración:** Hawking inspiró a millones de personas en todo el mundo a enfrentar sus propias adversidades con coraje. Su historia nos recuerda que nuestras luchas inspiran y motivan a otros.

- **Seguir nuestra pasión:** a pesar de las dificultades físicas, Hawking nunca perdió su pasión por la ciencia y la exploración del universo. Nos enseña que seguir nuestras pasiones es una fuente de fuerza y significado en medio de la adversidad.

- **Perseverancia:** la historia de Hawking también muestra la importancia de la persistencia a largo plazo. Sus contribuciones científicas significativas no se lograron de la noche a la mañana, sino a lo largo de décadas de trabajo constante.

- **Aprovechar la comunidad:** a lo largo de su vida, Stephen Hawking contó con el apoyo de colegas, amigos y familiares. Nos recuerda que la comunidad y el apoyo social son fundamentales para enfrentar la adversidad.

- **Romper barreras mentales:** su historia desafió las barreras mentales y las expectativas convencionales sobre lo que es posible. Nos muestra que a menudo nuestras limitaciones son más autoimpuestas que reales.

- **Dejar un legado duradero:** a pesar de su partida, el legado de Stephen Hawking perdura como un faro de inspiración para las generaciones futuras. Nos recuerda que nuestras acciones y logros pueden tener un impacto duradero en el mundo.

Por qué la aceptación nos hace resilientes... 5 razones

Veamos 5 evidencias de la alineación entre la aceptación y la resiliencia:

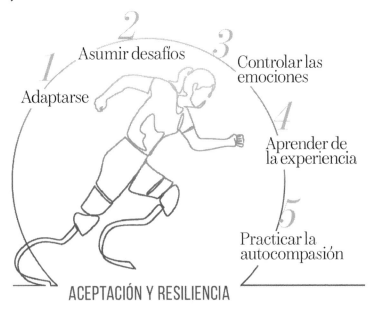

ACEPTACIÓN Y RESILIENCIA

1. Adaptarse
2. Asumir desafíos
3. Controlar las emociones
4. Aprender de la experiencia
5. Practicar la autocompasión

1. **Asumir desafíos.** Aceptar una situación difícil implica asumir la realidad tal como es, sin negación. Esto permite afrontar los desafíos de manera más efectiva. En esta etapa, combatir pensamientos negativos es una resistencia inútil.

2. **Adaptarse.** La aceptación favorece la adaptación sin traumas a las circunstancias y seguir adelante, en lugar de quedar estancado. Esto alinea con la capacidad de recuperarse de la adversidad.

3. **Controlar las emociones.** Aceptar los sentimientos molestos que surgen ante una situación adversa, sin juzgarlos, promueve la regulación emocional necesaria para la resiliencia.

4. **Aprender de la experiencia.** La aceptación implica asumir lo sucedido e integrar esa experiencia en una visión realista de la vida. Esto fortalece la capacidad de aprender y crecer a partir de las dificultades.

5. **Practicar la autocompasión.** La aceptación se relaciona con practicar autocompasión y mantener la calma bajo presión, actitudes claves en la resiliencia.

"En las profundidades del invierno finalmente aprendí que en mi interior habitaba un verano invencible". Albert Camus, escritor francés.

Renace

7 PASOS PARA CULTIVAR LA RESILIENCIA:

1. Identifica tus fortalezas: reflexiona sobre tus talentos, habilidades y recursos positivos únicos.

2. Aumenta tu autoconciencia: reconoce tus emociones y cómo influyen en tu comportamiento.

3. Desarrolla relaciones de apoyo: conecta con personas que te motiven y te ayuden en momentos difíciles.

4. Adopta hábitos saludables: cuídate con ejercicio, alimentación balanceada y buen descanso.

5. Afronta tus miedos: enfréntate gradualmente a tus temores para gestionarlos de manera efectiva.

6. Cultiva optimismo: adopta una mentalidad positiva enfocándote en lo que puedes controlar.

7. Redefine el fracaso: mira los contratiempos como oportunidades de aprendizaje, no como déficit personal.

TEST

EVALÚA TU SER RESILIENTE

Responde a las siguientes preguntas con un Sí/No y luego analiza el resultado

PREGUNTAS	SÍ	NO
¿Frente a un problema, me siento abrumado fácilmente?		
¿Me recupero rápido luego de experiencias difíciles?		
¿Veo el lado positivo y las oportunidades en los momentos adversos?		
¿Me considero una persona fuerte e independiente?		
¿Tengo varios intereses y actividades significativas en mi vida?		
¿Puedo manejar mis emociones negativas de manera constructiva?		
¿Generalmente logro mis objetivos pese a los obstáculos?		

RESULTADOS

Si respondiste "Sí" a la mayoría de las preguntas, eres altamente resiliente ¡Sigue así!

Si tu mayoría de respuesta fue un "No": tienes oportunidad de desarrollar más resiliencia. ¡Pon en práctica la actividad que te sugerí antes de este test!

Transformando los desafíos en fortaleza

Crecer con padres sordos me desafió a hallar nuevas formas de conexión, a fomentar la conciencia y el entendimiento de lo social, y a descubrir la fuerza interior y la resiliencia necesarias para sortear obstáculos inevitables y caminar hacia una vida plena y significativa.

Se suele pensar que las personas sordas son mudas porque no hablan bien, pero no. Una persona muda lo es porque pierde la voz. Pero mis papás emiten sonidos. Mi padre habla como un niño de dos o tres años porque él nunca se escuchó a sí mismo. Claro, si tú no te escuchas a ti mismo no hablas o lo haces pero no de la manera correcta, ahí te das cuenta del poder de la palabra hablada.

Es como cuando estamos en una discoteca y gritamos porque no nos escuchamos. Lo mismo pasa con ellos. Como no se escuchan, ellos hablan muy alto, muy bajo o no saben identificar bien los sonidos de las palabras.

DESARROLLAR Y UTILIZAR NUEVAS HABILIDADES ANTE CIERTAS CARENCIAS FORTALECE LA RESILIENCIA.

Mi mamá, por ejemplo, lee Gatorade y dice Ga-to-ra-de en vez de decirlo como se pronunciaría por ser un nombre en inglés. A cualquiera puede darle risa, pero es que así es como está escrito y ella lo lee y pronuncia tal cual, simplemente porque no se escucha. Es un poco chistoso para quien no conozca su problema.

Por supuesto que eso influyó en mí. Toda mi vida, mientras crecía, decía mal muchas palabras, por la influencia de mis padres. Cuando estaba en Venezuela yo también decía Ga-to-ra-de porque era lo que le escuchaba a ella... Iba a la universidad y decía Ga-to-ra-de.

> ALGUNOS COMPAÑEROS SE BURLABAN Y MIS AMIGAS ME CORREGÍAN. ¡TENGO MILES DE ANÉCDOTAS SIMILARES DE CUANDO ERA NIÑA QUE NO CABRÍAN EN ESTE LIBRO!

Pero, ¿sabes qué? Ella nunca se amilanó. Al contrario, desarrolló capacidades extraordinarias para comunicarse y servir a otros. Esta fue una de las mayores lecciones que me dio, quizá sin darse cuenta: la de mirar los desafíos con temple, creatividad y disposición para convertirlos en nuevas capacidades.

Un testimonio de resiliencia

En la Universidad estudié periodismo o Comunicación Social, como se titula esta carrera en Venezuela. Quizá me impulsó esa ansia de comprender profesionalmente el arte de la comunicación, que tanto necesitaba desde niña.

El caso es que, durante mi carrera, mi madre fue mi mejor maestra: me ayudaba, sin poder hablar bien y, con las herramientas que tenía a mano, como los chats digitales, me daba clases magistrales de política, sociedad y actualidad, además me ayudaba a prepararme para los exámenes. ¡Es que ella se devoraba los periódicos!, ya saben, como las mamás de antes...

MI MADRE ES UNA GRAN LECTORA Y ESTABA MEJOR INFORMADA QUE MUCHOS DE MIS COMPAÑEROS DE CLASE Y ¡HASTA DE CIERTOS PROFESORES!

¿Cuál es la lección de esta breve historia? Que ella aceptó sus limitaciones y se adaptó extraordinariamente: leyendo como una condenada y ofreciéndome esa información y fundamentados puntos de vista cuando yo más los necesitaba.

El proceso de aceptación y adaptación potencia la resiliencia. Las personas con alguna discapacidad suelen enfrentarse a obstáculos extraordinarios, y cada vez que superan uno, refuerzan su capacidad para adaptarse a nuevas situaciones.

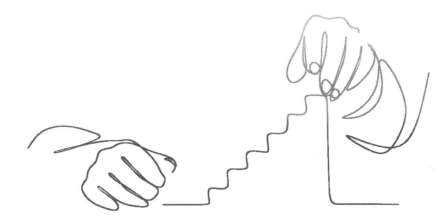

Aceptar una incapacidad como una parte de sí mismo, en lugar de verla como un obstáculo insuperable, es un paso clave en la construcción de la resiliencia.

Aunque mis padres y yo misma, con mi hija, somos ejemplos vivos de las ventajas personales de aceptar ciertas condiciones, adaptarse a ellas y avanzar, puede suceder con cualquiera que deba encarar alguna dificultad, sea otro tipo de discapacidad, condición adversa o problema que se presente.

"En los contratiempos, sobre todo, es en donde conocemos todos nuestros recursos, para hacer uso de ellos". Horacio (65 a. C - 8 a. C), poeta latino.

Es así como las personas con alguna discapacidad a menudo desarrollan habilidades especiales para compensar la pérdida de algún sentido o capacidad. Por ejemplo, muchos con limitaciones de audición desarrollan habilidades visuales agudas y una percepción más fuerte de su entorno inmediato. Otros pueden desarrollar habilidades excepcionales de lectura y escritura, como le sucedió a mi mamá...

ANGIE GHOSEN

AUTOACEPTACIÓN, puerta al crecimiento

Cuando nos autoaceptamos reconocemos y valoramos quiénes somos en este momento, con nuestras cualidades y defectos.

Voy a hablar claro: aceptarte a ti mismo no es tirar la toalla y decir, "Bueno, esto es lo que hay y no puedo hacer nada al respecto". No, no es eso. La aceptación personal es como mirarse al espejo, y en lugar de centrarte en cada pequeña imperfección, decir: "Sí, tengo defectos y áreas en las que puedo mejorar, pero también tengo un montón de cualidades asombrosas y mucho que ofrecer".

ES UNA RELACIÓN HONESTA CONTIGO MISMO, SIN EL DRAMA DE AUTOJUICIOS CRUELES.

Déjame contarte sobre Antonio. Era el tipo de persona que siempre se estaba comparando con los demás. Cada vez que entraba en una sala, sentía como si todos fueran más inteligentes, más guapos, más todo. Y claro, es agotador vivir así. Antonio sabía que tenía que cambiar, pero no tenía idea de cómo empezar a aceptarse a sí mismo.

Un día, cansado de la rutina de autodesprecio, Antonio decidió intentar algo nuevo. Comenzó a llevar un diario de gratitud, anotando cosas por las cuales estaba agradecido cada día.

Al principio, la tarea le resultó algo forzada, pero pronto algo increíble empezó a suceder. Antonio notó que tenía menos tiempo para centrarse en sus defectos cuando estaba ocupado reconociendo sus bendiciones. Se dio cuenta de que podía ser agradecido por su salud, sus amigos, y sí, incluso por su inteligencia y talentos.

Luego se inscribió en un curso de pintura, algo que siempre había querido hacer pero que nunca había intentado por miedo a no ser "suficientemente bueno". Y aunque sus primeros intentos parecían más manchas abstractas que arte real, algo mágico pasó: se sintió feliz.

NO PORQUE DE REPENTE SE CONVIRTIERA EN PICASSO, SINO PORQUE ESTABA HACIENDO ALGO QUE LO HACÍA SENTIR VIVO Y AUTÉNTICO. SE ESTABA ACEPTANDO, CON SUS IMPERFECCIONES.

Antonio aprendió algo fundamental: aceptarse a sí mismo le dio el poder para cambiar y crecer. Ya no estaba atascado en ese agujero negro de comparación y autojuicio. Empezó a verse a sí mismo de manera realista, y eso incluía tanto sus limitaciones como sus capacidades. Y lo mejor de todo, se dio cuenta de que la aceptación personal no es un destino, sino un viaje continuo.

*"Na*a te pue*o *ar que no exista ya en tu interior. No te pue*o proponer ninguna imagen que no sea tuya... Solo te estoy ayu*an*o a hacer visible tu propio universo".* Hermann Hesse, escritor suizo.

Diferencias entre aceptación y autoaceptación

Si te encuentras luchando con aceptarte a ti mismo, ten en cuenta la historia de Antonio. Entender que eres una obra en progreso no significa que te quedes parado.

Al contrario, te da la libertad de moverte, de crecer y de ser, cada día, una versión mejor de ti mismo. Y esa es una forma impresionante de vivir, si me preguntas.

Aunque la aceptación y la autoaceptación son complementarias para enfrentar los retos de la vida, no confundas la primera con la segunda.

- Aceptar una situación adversa se refiere a reconocer con realismo una circunstancia negativa o difícil, sin negar ni resistirse a ella. Implica asumir que esa situación está sucediendo y no se puede cambiar en el momento, aunque se pueda trabajar para mejorarla en el futuro.

- La autoaceptación, en cambio, es una actitud de compasión y aprecio hacia uno mismo, con nuestros pros y contras. Implica aceptarnos incondicionalmente tal como somos, sin demasiada autocrítica ni rechazo hacia debilidades propias. Esto nos permite, a la larga, desarrollar todo nuestro potencial.

- La autoaceptación nos lleva a reconocer nuestras fortalezas positivas sin necesidad de ser arrogantes. No se necesita combatir los pensamientos negativos sobre nosotros mismos, sino cuestionarlos de una manera realista y amable en lo posible.

- Las personas con alta aceptación suelen tener más pensamientos positivos sobre sí mismas, al cultivar la autocompasión. Sencillamente es asumir que, como seres humanos, no somos perfectos, pero que con voluntad y práctica podemos ser cada vez mejores personas.

- La autoaceptación no polariza ni combate. Más bien permite integrar tanto cualidades como defectos en una imagen equilibrada de uno mismo. Es poner nuestra autoestima en su justo lugar, sin sentirnos miserables porque en algún momento caemos en creer eso o también en creer que somos superiores a los demás por las cualidades que nos diferencian, es mantener una balanza justa.

La autoaceptación es asumirse uno mismo con sus luces y sombras. Así que veamos cómo se relaciona con los pensamientos negativos que nos asaltan sobre todo en momentos de estrés o crisis:

Abrazando tu humanidad

La autoaceptación nos invita a abrazar todos nuestros pensamientos, incluyendo los negativos, como una parte de nuestro ser. Te explico a continuación la estrecha relación que hay entre ambas actitudes:

- **Separa tus acciones de tu esencia:** la autoaceptación implica NO identificarte con los pensamientos negativos, sino verlos como eventos mentales temporales, no como verdades absolutas sobre quién eres. En otras palabras, separa tus acciones momentáneas de tu verdadera esencia.

- **Mira el contexto:** a través de la autoaceptación, pones en contexto tus pensamientos negativos, ubicándolos en circunstancias y estados emocionales específicos, en lugar de considerarlos como un reflejo de tu valía personal. Esto te ayuda a comprender que son reacciones naturales a situaciones difíciles.

- **Ensancha las vías del crecimiento:** la autoaceptación fomenta la autocompasión hacia esos pensamientos negativos en lugar de caer en la autocrítica, que solo podría hacer que se intensifique y te ponga en un perfeccionismo inútil. La autocompasión es el camino hacia el entendimiento y el crecimiento.

- **Tú como un todo:** la autoaceptación te permite integrar todos los aspectos de tu ser, tanto los positivos como los negativos, sin rechazar ninguno. Solo así tendrás la sabiduría de reconocerte como ser complejo y multifacético.

- **Te hace más resiliente:** cuando nos aceptamos, desarrollamos resiliencia frente a pensamientos negativos recurrentes. No añade sufrimiento al juzgar esos pensamientos, sino que los acoge con amabilidad, comprendiendo que forman parte de la imperfecta condición humana.

LA AUTOACEPTACIÓN PERMITE RECONOCER LOS PENSAMIENTOS NEGATIVOS CON ECUANIMIDAD, SIN DEJARSE ABATIR POR ELLOS NI ENTRAR EN UNA LUCHA ESTÉRIL. LOS ACOGE DENTRO DE UNA VISIÓN COMPASIVA DE UNO MISMO.

Renace

¿QUÉ TE DIRÍAS A TI MISMO?

Te invito a este ejercicio introspectivo para manejar saludablemente los pensamientos negativos y abrazar la autoaceptación:

- Busca un lugar tranquilo y sin distracciones. Cierra los ojos y respira profundamente.

- Trae a tu mente uno de tus pensamientos negativos recurrentes sobre ti mismo, p. ej.: "Soy un fracaso/no le intereso a nadie".

- Imagina que este pensamiento negativo es expresado por un amigo querido sobre sí mismo. ¿Cómo reaccionarías? ¿Qué le dirías para reconfortarlo y animarlo?

- Ahora, dirige esas mismas palabras amables y compasivas hacia ti mismo. Reconoce que eres un ser humano imperfecto, pero merecedor de amor y bienestar.

- Mantén la respiración pausada y profunda. Permite que esas palabras amables permeen tu mente y corazón. Acéptalas con gratitud.

- Finaliza repitiendo una frase de autocompasión como: "Me acepto y me amo con mis virtudes y mis defectos".

ANGIE GHOSEN

HISTORIAS QUE ENSEÑAN a autoaceptarnos

Solemos aislarnos en nuestras propias narrativas y desafíos, lo que nos lleva a sentirnos solos o incomprendidos en nuestras luchas. Conocer las historias de otros es un ejercicio poderoso de autoaceptación y comprensión mutua.

En la ciudad de Valencia, Venezuela, fui con mi papá a una estación de gasolina en donde había una tienda de productos importados. Para pagar el combustible, mi papá entró y pidió cambiar 20 bolívares, pero como no puede hablar bien, solo alcanzó decirle "cambio, cambio" al chico que atendía.

El muchacho, en vez de atenderlo con amabilidad, se burló. Yo, que estaba callada hasta ese momento, brinqué como una leona y le dije "¡tú eres loco! ¿Cuál es el problema de que él sea sordo? Tú eres un miserable empleado que trabaja por hora y ¿sabes qué? yo no trabajo, yo tengo un carro que él me regaló, yo vivo como una reina por ese sordo del que te burlas".

ME FUI DE ALLÍ ENOJADÍSIMA. TANTO, QUE AÚN RECUERDO EL INCÓMODO EPISODIO. AHÍ ME DI CUENTA QUE LE HE DICHO PALABRAS HIRIENTES A MUCHA GENTE POR LO QUE ME HA TOCADO VIVIR CON MIS PADRES.

Como hija mayor, yo debí crear una coraza que no tuvieron mis hermanos. Mi hermano Felipe, por ejemplo, llegó muchas veces llorando de la escuela por el *bullying*;

eso me hizo muy severa, no me importaba la gente, no me importaba nada.

Quizá estarás coincidiendo conmigo en que no debí reaccionar así, que me porté horrible. Pero cuando entendí que lo hacía desde el dolor y la vulnerabilidad, pude sanar con buenas dosis de autoaceptación, es decir, de aceptar mis sombras tanto como mis luces.

Y he aprendido a canalizar esa parte negativa, un trabajo que no termina en quien esté orientado conscientemente al crecimiento personal.

TE LO CUENTO PORQUE QUIERO DEMOSTRARTE, CON ESTE EPISODIO NEGATIVO, LAS RICAS ENSEÑANZAS DE AUTOACEPTACIÓN Y AUTOCOMPASIÓN DE LAS QUE TE HABLO.

Con los años aprendí a ver a los demás desde el amor, aprendí a que no todo el mundo entiende tus procesos y no todos los atraviesan de la misma manera que tú. Hacer una pausa, respirar y tomar conciencia de lo que pasa es importante antes de reaccionar. No todos entienden por lo que pasas y es probable que no lo puedas cambiar y menos si ellos no quieren, en fin... lo mejor es verlo con amor y responder desde el amor.

La angie de hoy hubiese respondido: "disculpa mi papá no oye y el quiere pedirte cambio para la gasolina, será que nos puedes ayudar...", con una inmensa sonrisa en mi cara; la lección para el empleado hubiera sido otra, quizás la enseñanza de mi parte sería distinta. Lo cierto es que con esto quiero demostrar que con nuestras respuestas podemos cambiar nuestro entorno. Es un granito de arena en medio de un inmenso mar que se convierte en una cadena, porque tus actos pueden cambiar el día y hasta la vida a cualquiera.

CONSEJOS PARA ACEPTARSE

Veamos las claves para aceptarse y adaptarse a las situaciones, por muy difíciles que nos parezcan.

- **Practica la autocompasión.** No te critiques duramente por los errores que cometes. Todos somos humanos y todos erramos. En lugar de criticarte, trata de entender por qué cometiste ese error y cómo puedes aprender de él.

- **Realiza un autoinventario.** Haz una lista de tus fortalezas y debilidades. Reconoce ambas con humildad y sinceridad. Tus fortalezas te darán confianza, y trabajar en tus debilidades te ayudará a crecer.

- **Aplaude tus logros.** No importa lo pequeño que sea un logro, celébralo y apláudete. Este acto de celebración te ayudará a reforzar tu autoestima y a aumentar la confianza en ti mismo.

Mis 5 lecciones de autoaceptación

A lo largo de experiencias que de algún modo me marcaron, como la que te conté al inicio de este capítulo, he sacado varias lecciones, de las cuales quiero destacar cinco que tienen que ver con la autoaceptación y, sobre todo, con la autocompasión que nos debemos.

LECCIONES DE AUTOACEPTACIÓN

1. Reconocimiento de mis acciones
2. Atribución de mis acciones a mi dolor
3. Aprendizaje y cambio
4. Reconociendo mi coraza emocional
5. Contextualizar mis acciones

1. Reconocimiento de mis acciones pasadas

A raíz de esta anécdota, llego a admitir abiertamente que en el pasado tuve comportamientos groseros y pronuncié palabras hirientes hacia muchas personas. Este reconocimiento refleja mi voluntad de confrontar mis acciones pasadas en lugar de negarlas o encontrar excusas.

2. **Atribución de mis acciones a mi propio dolor**

Ahora puedo explicar que mis comportamientos negativos en ese momento estaban vinculados a mi propio dolor interno. No justifico mis acciones, pero sí reconozco que estas fueron una respuesta a mis propias luchas emocionales. De manera que estoy aceptando mi propia vulnerabilidad y cómo eso influenció mi conducta.

3. **Aprendizaje y cambio**

A lo largo del tiempo, he aprendido a canalizar mi dolor de manera diferente. He reflexionado sobre mis acciones pasadas y me he esforzado por cambiar mi comportamiento. Esta disposición a aprender y mejorar muestra que acepto mis áreas de mejora y estoy comprometida con el cambio.

4. **Reconocimiento de mi coraza emocional**

En mi historia, mencioné cómo desarrollé una especie de "coraza" emocional, quizás como una forma de protegerme. Reconozco que estas estrategias de afrontamiento fueron necesarias en su momento, aunque ahora estoy dispuesta a dejarlas atrás y tener más apertura emocional.

5. **Contextualizar mis acciones**

Finalmente, no me juzgo a mí misma de manera absoluta por mis acciones pasadas, sino que las contextualizo en mis circunstancias y heridas. Además tuve empatía y defendí a mi padre cuando sentí que era tratado injustamente.En todo caso, expreso mi intención de canalizar mis emociones, en lugar de reprimirlas y lastimar a otros.

AUTOACEPTACIÓN A TRAVÉS DE UNA ANÉCDOTA PERSONAL

Así como hice yo, con esta actividad te invito a pensar en algún episodio que te haya marcado y que te sirva como ejercicio de autoaceptación.

- **Elige una anécdota:** piensa en una experiencia por la que hayas reaccionado impulsiva o desproporcionadamente y de la cual luego te sentiste incómodo o arrepentido. Puede relacionarse con tu comportamiento con otros o con ti mismo.

- **Escribe la anécdota:** describe la situación en detalle. ¿Dónde y cuándo ocurrió? ¿Quiénes estaban involucrados? ¿Cuál fue tu reacción en ese momento? ¿Cómo te hiciste sentir después?

- **Identifica tus emociones:** reflexiona sobre las emociones que experimentaste. ¿Frustración, enojo, tristeza, vergüenza, culpa? Identifica y nombra estas emociones.

- **Busca patrones:** ¿esta experiencia se relaciona con otros momentos de tu vida en los que hayas reaccionado de manera similar? Intenta identificar cualquier patrón de comportamiento o pensamiento que pueda haber contribuido a esta situación.

- **Atribución de las acciones:** intenta entender por qué actuaste de esa manera en ese momento. ¿Qué factores o circunstancias influyeron en tu comportamiento y reacciones? ¿Hubo heridas emocionales o situaciones anteriores que contribuyeron?

- **Lecciones de autoaceptación:** ahora, piensa en las lecciones que puedes extraer de esta experiencia en términos de aceptación. ¿Cómo puedes aprender a aceptar y comprender tus acciones pasadas? ¿Qué pasos puedes tomar para perdonarte a ti mismo y, si es necesario, hacer las paces con otros involucrados?

- **Plan de acción:** fíjate acciones concretas para aplicar estas lecciones en tu vida actual. ¿Cómo puedes trabajar en la autoaceptación y el crecimiento personal a partir de esta experiencia? La idea es que desarrolles una relación más compasiva contigo mismo en el futuro.

Esta actividad es importante por las maravillas que podemos descubrir nosotros mismos cuando practicamos la autoaceptación. Algunos de los cuales son los siguientes.

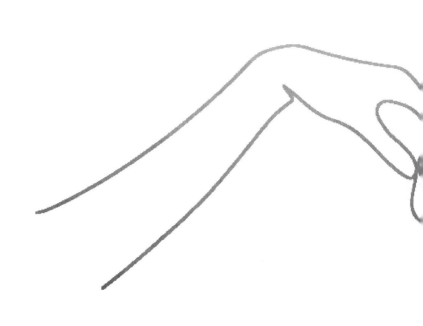

ANGIE GHOSEN

QUE EL ESTRÉS juegue a tu favor

El manejo del estrés es un componente importante de la resiliencia, la capacidad para recuperarse y adaptarse ante la adversidad.

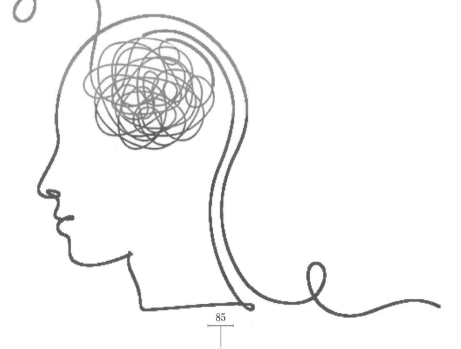

Ahí estás tú, en el epicentro de uno de esos días que simplemente no tiene fin. Sabes de qué tipo hablo: correos electrónicos acumulándose como pilas de ladrillos, llamadas telefónicas que parecen nunca terminar, y ese proyecto de trabajo que te está comiendo vivo. Te sientes abrumado, ¿verdad?

Tu respiración es superficial, tus hombros están tensos y cada músculo de tu cuerpo parece gritar en busca de un descanso. Para colmo, llegas a casa y descubres que olvidaste comprar algo para la cena. ¿Será este el punto de quiebre? Podría serlo, si eliges verlo de esa manera.

Pero, aquí viene la vuelta de tuerca: puedes usar este momento como una oportunidad para crecer, para ejercitar esa resiliencia que no sabías que tenías. Primero, respira hondo.

SIENTE CÓMO EL AIRE ENTRA Y SALE DE TUS PULMONES, DÁNDOTE UN PEQUEÑO PERO NECESARIO MOMENTO DE CLARIDAD.

Luego, replantea la situación. En lugar de ver estos desafíos como obstáculos insuperables, ¿y si los ves como oportunidades para mejorar tus habilidades de manejo del tiempo, tu paciencia o incluso tu creatividad?

En el gran esquema de la vida, este día será solo una pequeña mancha en un tapiz mucho más grande. Pero cómo eliges enfrentarlo podría cambiar la textura de todo ese tapiz.

5 claves para convertir el estrés en tu aliado

La resiliencia no se trata de evitar el estrés, sino de aprender a manejarlo, y quizás más importante, a aprender de él. La próxima vez que te sientas al borde del abismo, recuerda: cada momento de estrés es también un peldaño en tu escalera hacia una versión más fuerte de ti mismo.

Las personas resilientes no solo son capaces de manejar el estrés de manera efectiva, sino que también utilizan sus experiencias de estrés como oportunidades para aprender y crecer.

Por supuesto que el estrés es desafiante. Todos lo experimentamos de alguna manera y, a veces, puede parecer que no hace más que complicar nuestras vidas, incluso enfermarnos físicamente. Pero te invito a que le des la vuelta para manejarlo desde una perspectiva diferente y potenciadora.

> CUANDO EL ESTRÉS SE MANEJA CORRECTAMENTE, ES UN ALIADO PODEROSO EN NUESTRO CAMINO HACIA LA RESILIENCIA.

Como hemos visto, la resiliencia es la capacidad de superar adversidades, adaptándose y aprendiendo de las experiencias difíciles. Entonces, ¿cómo puede ayudarte el estrés en este proceso? Entendamos antes que nada que el estrés es una respuesta natural de tu cuerpo a situaciones desafiantes o amenazantes. Es tu sistema de alarma interno que te alerta de que algo necesita tu atención.

Hablemos de cómo podemos convertir el estrés en nuestro aliado para ser más resilientes. Aquí tienes cinco sugerencias prácticas:

1. **Redefine tu perspectiva del estrés**

Primero, cambia tu forma de pensar sobre el estrés. En vez de verlo como algo negativo, intenta considerarlo como una señal de que estás saliendo de tu zona de confort y te estás enfrentando a algo nuevo. Esta redefinición puede ayudarte a abordar situaciones estresantes con una actitud más positiva y abierta.

2. Usa el estrés como una señal para actuar

Cuando sientas estrés, en lugar de evitarlo, usa esta sensación como una motivación para actuar. Es una señal de que debes cambiar algo en tu vida, o de que debes enfrentarte a un problema en lugar de ignorarlo.

3. Aprende de tus experiencias de estrés

Cada vez que experimentes estrés, pregúntate a ti mismo: ¿qué puedo aprender de esta experiencia? Tal vez el estrés te está enseñando a decir "no" más a menudo, a tomar mejores cuidados de tu salud, o a manejar mejor tus emociones. Aprovecha estas lecciones para crecer y convertirte en una persona más resiliente, a asumir el control de tus decisiones y tomar el timón hacia tus sueños.

4. Mímate y relájate

Cuando estás estresado, mima tu cuerpo y mente. Esto va desde comer bien y descansar lo suficiente, hasta hacer actividades que te ayuden a relajarte, como ir a la playa, caminar con tu perro o simplemente ver tu serie favorita. El autocuidado nos permite manejar mejor el estrés y nos fortalece para futuras situaciones estresantes, que las habrá.

5. Pide ayuda cuando la necesites

No te frenes cuando tengas que pedir ayuda. Asume tu vulnerabilidad cuando sea necesario y pide la ayuda que requieras en un momento dado. A veces, el estrés es abrumador, y no hay nada de malo en buscar el apoyo de amigos, familiares o profesionales. De hecho, pedir ayuda cuando la necesitas es un signo de coraje y un gesto típico de los seres resilientes.

EL ESTRÉS ES UNA PARTE NORMAL DE LA VIDA. PERO, CON LAS ESTRATEGIAS ADECUADAS, PUEDES CONVERTIRLO EN UNA HERRAMIENTA VALIOSA PARA TU CRECIMIENTO PERSONAL Y TU CAMINO HACIA LA RESILIENCIA.

LA "CAJA DE ESTRÉS"

Te invito a manejar el estrés de manera lúdica... La técnica de la caja del estrés a mí particularmente me ha ayudado en situaciones abrumadoras. Empecemos:

Paso 1. Consigue una caja de zapatos, una de madera, o incluso una caja de galletas. Lo importante es que te guste y que puedas meter papeles en ella.

Paso 2. Cuando te sientas estresado por algo, tómate un momento para escribirlo sobre papel. Describe tu preocupación lo mejor que puedas. ¿Por qué te preocupa esto? ¿Cómo te hace sentir?

Paso 3. Una vez que hayas escrito tu preocupación, dóblala y métela en la caja. Al hacer esto, estás simbólicamente dejando ir esa preocupación. Puede sonar simple, pero este acto físico de "dejar ir" es realmente poderoso.

Paso 4. Una vez que tu preocupación está en la caja, date permiso para tomar un descanso de ella. Tal vez quieras hacer algo que disfrutes, como mirar vídeos en las redes, escuchar música, encontrarte con amigos, ir de compras, o tomar un baño relajante. La idea es que, durante este tiempo, trates de no pensar en la preocupación que acabas de meter simbólicamente en la caja.

Paso 5: Revisión de preocupaciones. Una vez a la semana, abre tu caja y mira las preocupaciones que escribiste. Tal vez descubras que algunas de las cosas que te estresaron en un momento dado ya no te parecen tan preocupantes. O tal vez encuentres soluciones a problemas que antes te parecían insuperables.

Este ejercicio no pretende que ignores tus problemas, sino que te ofrece una forma de controlar tus preocupaciones en lugar de dejar que ellas te controlen a ti. Te proporciona una forma de liberar el estrés acumulado y te da una nueva perspectiva al revisar tus preocupaciones más adelante, con la cabeza fría y en una onda emocional mucho más serena.

ANGIE GHOSEN

De la aceptación A LA EMPATÍA

Imagínate caminando en los zapatos de otro, sintiendo lo que siente, viendo el mundo desde su perspectiva. Eso es la empatía, la habilidad que nos permite entender profundamente a los demás.

Seguro recuerdas cuando salieron los iPhone Nano. En cierta Navidad, nos compraron uno a mi hermano y a mí. Estábamos emocionados, escuchando la música en tan relucientes aparatos.

De repente, mi mamá, que estaba sentada cerca, me pregunta, "¿se escucha bien?, ¿se escucha bonita la música?". Eso me desarmó. Al acto desconecté el celular y dije para mis adentros, ¡wow!

En ese entonces yo era jovencita y me vi envuelta en un revoltijo de ternura, tristeza e impotencia. Ahora que estoy haciendo este libro, en parte por ellos y en parte por mi hija, me remueve aquella sensación que no puedo describir en una sola palabra, pero que se acerca a eso que llamamos empatía. Recuerdo que me prometí no escuchar música en mi iPhone delante de ella.

Pero lo que vino después me dejó aún más conmovida. Yo no hallaba cómo explicarle que se escuchaba bonito, cuando ella sonrió y me dijo "yo me acuerdo del sonido de los pajaritos". Desde ese momento empecé a escuchar a los pájaros con más cuidado, admiración y sentido de pertenencia al frágil planeta que habitamos.

Además de hacerme valorar como nunca antes el paisaje sonoro que nos envuelve, la empatía que sentí en aquel momento me llevó a una tristeza tremenda por saber que ella no podía escuchar la música que evoca tantas emociones y sentimientos, que enamora, que te hace llorar.

De modo que como ellos no pueden disfrutarla, me "inventé" maneras de contagiarle lo que yo experimentaba para hacerle vivir esas emociones.

> **ESTA HISTORIA QUE TE ACABO DE CONTAR RETRATA DE ALGÚN MODO LO QUE ES LA EMPATÍA, ESE SENTIMIENTO QUE NOS SACA DE NUESTRA INDIVIDUALIDAD PARA PONERNOS EN EL LUGAR DEL OTRO.**

No se trata solo de simpatía o compasión, aunque estas pueden ser partes de la empatía. Es algo más significativo y humano, es entender y conectar genuinamente con la otra persona, y con cualquier ser sintiente, a un nivel profundamente emocional, como me sucedió a mí en la historia que acabo de contarte.

Temprano entendí que desde la empatía podemos tener un impacto positivo en el mundo.

"Aprender a estar en la piel de otro, a ver a través de sus ojos, así es como comienza la paz. Y depende de ti que ocurra". Barack Obama, expresidente de Estados Unidos.

Un camino corto

Te preguntarás porqué la aceptación nos lleva a la empatía. La verdad es que hay un muy corto camino entre una y otra. A continuación te explicaré cinco de las muchas razones que la acercan tanto:

1. Fomenta la humildad
2. Autoconciencia
3. Valoración de apoyos
4. Inspira fortaleza
5. Nos da un propósito

EL CAMINO DE LA EMPATÍA

1. **Fomenta la humildad.** Aceptar la adversidad personal fomenta la humildad y la conexión con la experiencia humana de sufrimiento. Esto nos lleva solidarizarnos genuinamente con el dolor del otro.

2. **Autoconciencia.** Enfrentar dificultades facilita el desarrollo de la autoconciencia y la autorregulación emocional. Estas habilidades nos hacen proclives a conectar con las emociones y experiencias de otros.

3. **Valoración de los apoyos.** Cuando aceptamos el problema, apreciamos más el apoyo y la empatía de otros. Esto motiva a actuar con la misma comprensión cuando otros encaran sus propios desafíos.

4. **Inspira fortaleza.** Aceptar adversidades requiere perseverancia y fe en que es posible transformarlas. Al desarrollar esa resiliencia, podemos inspirar a otros que pasan por momentos difíciles.

5. **Nos llena de propósito.** Aceptar y enfrentar nuestras crisis y dificultades con una mentalidad de crecimiento y propósito nos vuelve más empáticos.

"Al bien hacer jamás le falta premio". Miguel de Cervantes (1547-1616) Escritor español.

Claves para cultivar la empatía

Cultivar la empatía es como regar una planta, necesita tiempo, paciencia y constancia. Aquí te dejo algunos consejos que te ayudarán a ponerte en los zapatos del otro:

- **Escucha activa:** cuando alguien te está hablando, trata de escuchar realmente, no solo sus palabras, sino también sus emociones a través de su lenguaje corporal. No interrumpas ni juzgues, solo escucha.

- **Abre tu mente:** trata de comprender las diferentes perspectivas y experiencias de vida. Recuerda que cada persona tiene su propio camino y ha tenido experiencias únicas que han dado forma a su visión del mundo.

- **Piensa en las emociones:** reflexiona sobre tus propias emociones. ¿Por qué te sientes de cierta manera? ¿Cómo y en cuánto inciden tus emociones en tus comportamiento? Al entender tus propias emociones, podrás entender mejor las de los demás.

- **Sé curioso:** no tengas miedo de hacer preguntas y aprender más sobre las personas y sus experiencias.

La empatía se nutre del conocimiento y la comprensión. Se quiere lo que se conoce, eso es una máxima que aprendí desde pequeña.

CULTIVA LA EMPATÍA AUTÉNTICA

- Ofrece apoyo activo a personas que pasan por una situación similar a la que enfrentaste o enfrentas actualmente.
- Practica la escucha empática
- Participa en grupos de autoayuda, sea en físico o en chats o redes. Quora es muy bueno para ello, por ejemplo.
- Enrólate en causas que trasciendan tu ámbito individual, como voluntariados para ayudar a poblaciones vulnerables, cuidado del ambiente, protección animal, fundaciones profesionales de apoyo, etc.

CUANDO PRACTICAMOS LA EMPATÍA, CONECTAMOS CON LAS EMOCIONES Y EXPERIENCIAS DEL OTRO, AUNQUE SEAN NEGATIVAS O DIFÍCILES... QUIZÁ PORQUE YA PASAMOS POR EXPERIENCIAS SIMILARES.

Reconociendo la empatía en nuestra vida

¿Cómo saber si estás siendo empático? Algunas señales pueden ser:

- Te encuentras interna y genuinamente interesado en los sentimientos y experiencias de las otras personas.

- Te sientes cómodo en situaciones emocionalmente cargadas.

- Sientes una conexión emocional con la persona, incluso si sus experiencias son diferentes a las tuyas.

- Respondes con compasión, muestras preocupación genuina por el bienestar de la otra persona y deseas aliviar su sufrimiento o angustia. Ofreces apoyo y comprensión en lugar de críticas o juicios.

- Muestras una postura relajada, contacto visual y gestos que transmiten interés por lo que dice el otro. Estás presente y comprometido con la conversación.

- Reconoces y validas las emociones que la otra persona está experimentando, incluso si no estás de acuerdo con sus puntos de vista.

- Antes que interrumpir o juzgar, haces preguntas para comprender mejor la perspectiva y los sentimientos de la otra persona.

Renace
5 EJERCICIOS DE ROLE-PLAYING PARA PRACTICAR LA EMPATÍA

El role-playing, o juego de rol, es una excelente manera de practicar la empatía. Aquí te dejo 5 ejercicios para ello:

1. Intercambio de roles en un conflicto: imagina que discutes con un amigo. Juega ambos roles, el tuyo y el de tu amigo. Intenta comprender ambos puntos de vista.

2. Un día en la vida: imagina un día en la vida de alguien que conozcas, desde que se levanta hasta que va a dormir. Trata de entender sus alegrías y preocupaciones.

3. El extraño empático: estás en una plaza y ves a alguien que parece tener un mal día. ¿Cómo crees que se siente y por qué podría estar sintiéndose así?

4. El paciente y el médico: eres un médico que debe dar malas noticias a un paciente. Luego, cambia el rol y sé tú el paciente. ¿Cómo demustras empatía en ambos roles?

5. Un día en la vida de alguien con una discapacidad: piensa en el día a día de una persona con alguna discapacidad. Piensa en los desafíos que enfrenta y en cómo puedes demostrar empatía y comprensión.

El altruismo egoísta: ventajas personales de la empatía

La empatía es un camino de desprendimiento lleno de recompensas. Hace unos años me apropié de la frase "altruismo egoísta", que titulaba un video sobre cómo pensar en los demás también nos beneficia a nosotros, cosa que se da en todas las escalas, desde el plano individual hasta el global.

La frase me pareció perfecta porque encierra lo que he aprendido desde mi condición de hija CODA, que me obligó a lidiar con personas con discapacidad, pero también a descubrir las maravillas latentes en los demás y a crecer emocionalmente valorando la bondad que, aunque no lo creas, nos espera en cada esquina.

> **EL "ALTRUISMO EGOÍSTA" ES UNA PERSPECTIVA QUE NOS PERMITE EMPATIZAR Y SOLIDARIZARNOS CON LOS DEMÁS SIN PERDER DE VISTA NUESTRAS EMOCIONES E INTERESES.**

Estoy convencida de que ser buena persona y tratar a los demás con empatía siempre tendrá un retorno positivo, ya sea en forma de buenas relaciones, confianza o gratitud. ¡Lo digo con propiedad, pues lo he vivido en las verdes y en las maduras! Por ello me resuena mucho esta frase del pensador estadounidense Henry David Thoreau:

"La bondad es la única inversión que no falla."

Escucha activa para una mentalidad comprensiva

Yo no solo fui niña CODA, sino que, como te he dicho, mi hija Camila tiene problemas con la audición y, en consecuencia, ciertas dificultades para hablar.

Esta condición pone al límite mi capacidad de escuchar. Por necesidad debí practicar desde siempre la llamada "escucha activa".

> LA ESCUCHA ACTIVA VA MÁS ALLÁ DE OÍR. SE TRATA DE LA CAPACIDAD DE CAPTAR "EN EL AIRE" EL MENSAJE DEL OTRO Y DE HACERLE SENTIR QUE ESTÁS AHÍ, QUE LO COMPRENDES Y LO ACOMPAÑAS.

Sin escucha activa es imposible la empatía, la solidaridad y la conexión nutritiva con los demás. Así que ahora te planteo un paso a paso para cultivar esta cualidad social tan importante.

PASOS PARA LA ESCUCHA ACTIVA

- Prepara tu mente
- Escucha con todo tu ser
- Muestra empatía
- Ofrece apoyo
- Da un feedback asertivo

1. Prepara tu mente

La escucha activa y la empatía o compasión empiezan por estar presentes. Así que, lo primero que debes hacer es despejar tu mente y prepararte para concentrarte en la otra persona. Intenta dejar a un lado tus propias preocupaciones, y recuerda que, en este momento, tu objetivo es entender y conectar con ella.

2. Escucha con todo tu ser

Presta atención a las palabras, pero también a las emociones, al lenguaje corporal, a los silencios. No te apresures en dar consejos o en juzgar, simplemente escucha.

Si una amiga te está contando sobre un problema, en lugar de interrumpirla o pensar en posibles soluciones, solo la escuchas. Toma notas mentales de su lenguaje corporal, de sus silencios, del tono de su voz. Enfócate en entenderla.

"La mayoría de las personas no escuchan con la intención de comprender, escuchan con la intención de responder." Stephen R. Covey

3. Muestra empatía

Aquí entra la compasión. Muéstrale que entiendes sus sentimientos y que te importa. Haz preguntas abiertas para profundizar en su experiencia y refleja sus emociones con tus palabras para que sepa que realmente la entiendes.

Así, en lugar de darle consejos a tu amiga o decirle que no es tan grave lo que cuenta, ponte en su lugar y dile "Debe ser realmente duro lo que estás pasando. ¿Quieres contarme más sobre cómo te sientes?"

4. Ofrece apoyo

No tienes que solucionar el problema de la otra persona, simplemente estás allí para apoyarla y hacerla sentir entendida y cuidada. Tras hablar con tu amiga, dile algo como: "Gracias por confiar en mí y contarme sobre esto. Estoy aquí para ti, sea lo que sea que necesites."

5. Practica la retroalimentación asertiva

La escucha activa no termina cuando la otra persona deja de hablar. Una parte crucial es proporcionar una retroalimentación que confirme que has entendido lo que te ha compartido. Para hacerlo bien, necesitas utilizar la asertividad.

> LA ASERTIVIDAD SIGNIFICA EXPRESAR TUS PENSAMIENTOS Y SENTIMIENTOS DE MANERA RESPETUOSA Y CONSTRUCTIVA.

En este contexto, puedes resumir y parafrasear lo que la otra persona ha dicho para demostrar que has estado prestando atención y que valoras su punto de vista.

Por ejemplo, después de que tu amiga haya terminado de hablar, podrías decir: "Entonces, si lo he entendido bien, te sientes frustrada porque te parece que tu trabajo no está siendo valorado de la manera que te gustaría. ¿Es eso correcto?".

"El ver•a•ero trabajo •e comunicación es la escucha •e lo que no se está •icien•o". Peter F. Drucker

Renace

PARÁFRASIS Y REFLEXIÓN

Debes hacer esta actividad con una persona de confianza o un amigo cercano. Ambos deben intercambiar el papel del "escucha" y del "hablante" a lo largo de la actividad.

Te sugiero tomar el ejercicio muy en serio, no solo para que sea efectivo, sino ¡para que se diviertan!

- **Escojan un tema:** puede ser algo trivial como "Mi fin de semana" o un tema más profundo como "Mis objetivos para el próximo año". La persona que hable primero, el "Hablante", comenzará contando su historia o compartiendo sus pensamientos sobre el tema elegido.

- **Escucha atentamente:** el otro participante, el "escucha", debe prestar completa atención al "hablante", evitando interrupciones o distracciones. Esto implica no usar el celular o distraerse con otras actividades durante este tiempo.

- **Paráfrasis:** una vez que el "hablante" termine de hablar, el "escucha" debe repetir lo que entendió, pero en sus propias palabras. Este ejercicio garantiza que el mensaje se entendió correctamente.

- **Reflexión de sentimientos:** luego de hacer la paráfrasis, el "escucha" también debe tratar de identificar y reflejar los sentimientos que el "hablante" puede haber expresado. Esto podría sonar como "Parece que te sentiste muy emocionado cuando..." o "Me da la impresión de que eso te frustró bastante...".

- **Confirmación:** el "hablante" puede confirmar si el "escucha" entendió bien, y proporcionar aclaraciones si es necesario.

- **Intercambio de roles:** luego de que el "hablante" confirme o aclare, los roles se invierten y el "escucha" pasa a ser el "hablante".

ANGIE GHOSEN

2
Neutraliza los PENSAMIENTOS NEGATIVOS

Te invito a un viaje interior a tu infancia para que cuestiones tus pensamientos negativos, esos que te impiden asumir los problemas con una actitud resolutiva.

Uno de nuestros mayores enemigos nos corroe desde adentro. Sí, es nuestra propia mente, cuando nos boicotea con pensamientos negativos. La mayoría de estos se forman en la infancia hasta convertirse en patrones mentales si no tomamos conciencia de ello y actuamos para sustituirlos por pensamientos potenciadores y palancas de crecimiento.

NO TE CULPES POR TENER PENSAMIENTOS NEGATIVOS, ABÓRDALOS CON UNA ACTITUD COMPASIVA PARA CONECTARTE CON TUS EMOCIONES POTENCIADORAS Y UNA ACTITUD RESOLUTIVA. DESPUÉS DE TODO, ESTOS SON PARTE NORMAL DE LA MENTA HUMANA.

Los pensamientos negativos que se forman a partir de las heridas de la infancia varían significativamente de una persona a otra, ya que dependen de las experiencias individuales y, sobre todo, de las circunstancias vividas por cada quien.

Si te asaltan a menudo, no te angusties demasiado. No hay nada malo en ti. Solo te digo que los detectes para neutralizarlos poco a poco con ideas más amables sobre ti.

TEST

PENSAMIENTOS NEGATIVOS Y CONSTRUCTIVOS, ¿POR CUÁLES TE INCLINAS TÚ?

Aquí te presento este sencillo test de cinco preguntas para identifiques a qué tipo de pensamientos tiendes:

PREGUNTA	OPCIÓN A	OPCIÓN B
Cuando enfrento un problema, mi primera reacción suele ser	Pensar que no podré superarlo	Pensar en posibles soluciones
Cuando algo no me sale bien, típicamente pienso:	Soy un fracaso	Puedo aprender de esto
Cuando pienso en el futuro, me siento generalmente:	Pesimista	Optimista
Cuando alguien me critica, mi respuesta suele ser:	Me afecta mucho	No lo tomo de manera personal
Mi diálogo interno tiende a ser:	Crítico y duro conmigo	Compasivo y motivador

RESULTADOS

Si elegiste más opciones "a", tiendes más a pensamientos negativos. **Si fueron más "b"**, te inclinas a pensamientos constructivos. Como te comenté, ambos son normales, pero puedes trabajar para reducir los negativos y aumentar los positivos. Sé amable contigo mismo en el proceso

Reconoce los PATRONES MENTALES NEGATIVOS

Tomar conciencia de nuestros patrones mentales negativos es el primer paso para aplicar estrategias que cambien nuestra mentalidad.

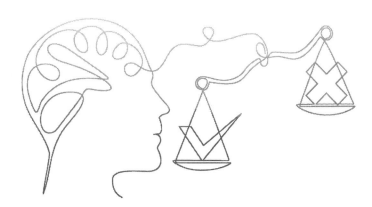

Clara siempre fue una persona ambiciosa, pero una sombra la perseguía desde la niñez. "No tienes talento para nada", le repetían sus padres cada vez que intentaba algo nuevo y fallaba. Esa frase se grabó en su mente como si fuera una ley universal.

Aunque se había esforzado en su propia educación, cada vez que iba a una entrevista de trabajo, aquellas palabras resonaban en su cabeza. Se sentía como una impostora. Incluso armada con su currículum, Clara no podía sacudirse la idea de que no merecía el trabajo para el que estaba siendo entrevistada.

Así que se saboteaba a sí misma, respondiendo con inseguridad a las preguntas del entrevistador, evitando el contacto visual. Y luego, cuando inevitablemente no conseguía el trabajo, esas palabras de su niñez cobraban vida nuevamente: "Ves, te lo dije, no tienes talento para nada".

Ahora piensa en cuando eras un niño o niña. Tal vez te dijeron que no eras bueno en matemáticas, y desde entonces, esa idea se quedó en tu cabeza como un chicle pegado en tu zapato. O quizás, por el contrario, tus padres te elogiaron por tu creatividad, y ahora eso se ha convertido en tu superpoder.

Por un lado, los patrones mentales pueden darnos la confianza que necesitamos para enfrentar el mundo; pero por el otro, pueden hundirnos en agujeros emocionales tan profundos que parece imposible salir.

Qué es un patrón mental negativo

Un patrón mental es una tendencia habitual de pensamiento que se ha desarrollado a través del tiempo. Los hay positivos, por supuesto, pero también negativos.

Esas huellas dactilares mentales que llevamos con nosotros, se forman gracias a una variedad de ingredientes: las cosas que nos decían nuestros padres, lo que veíamos en la televisión, las experiencias en la escuela, y hasta las interacciones con nuestros amigos de la infancia.

Generalmente se anclan en la niñez y se forman por varios factores:

- **Experiencias pasadas:** eventos significativos en nuestra vida, especialmente en la infancia, pueden condicionar ciertas creencias y formas de pensar que se vuelven automáticas e inconscientes.

- **Influencias externas:** mensajes de los padres, la cultura, los medios, etc. moldean patrones mentales sobre cómo deberíamos pensar, sentir y comportarnos.

- **Personalidad:** cada persona tiene predisposiciones únicas que inclinan su perspectiva general de la vida.

- **Repetición:** cuando pensamos de una cierta manera una y otra vez, se va reforzando ese patrón neuronal en el cerebro. Se vuelve un hábito mental.

- **Sesgos cognitivos:** todos tenemos sesgos y atajos mentales inconscientes que pueden distorsionar nuestro pensamiento.

- **Estados de ánimo:** cuando estamos tristes o estresados, por ejemplo, es más probable caer en ciertos patrones mentales negativos.

"Las fronteras no son el este o el oeste, el norte o el sur, sino allí donde el hombre se enfrenta a un hecho." Henry David Thoreau (1817-1862), escritor, poeta y pensador.

Cuando actuamos bajo patrones mentales negativos, somos incapaces de advertir que somos nosotros los responsables de que nuestra vida sea plena o no, por muchas adversidades que se nos presenten.

Actitudes alimentadas por pensamientos negativos

Algunas de las actitudes comunes alimentadas por pensamientos negativos surgidos a raíz por las heridas de la infancia incluyen:

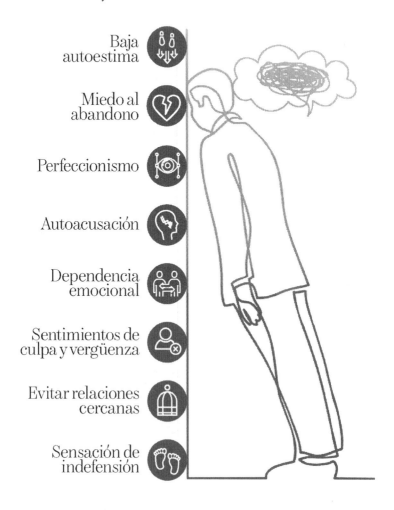

- Baja autoestima
- Miedo al abandono
- Perfeccionismo
- Autoacusación
- Dependencia emocional
- Sentimientos de culpa y vergüenza
- Evitar relaciones cercanas
- Sensación de indefensión

- **Baja autoestima:** la crítica constante o la falta de apoyo emocional, pueden llevar a una baja autoestima. Quienes han experimentado esto pueden sentir que no son lo suficientemente valiosas o dignas de amor y éxito en la adultez.

- **Miedo al abandono:** las experiencias de abandono o negligencia en la infancia pueden llevar a un temor persistente al rechazo y la soledad en la adultez. Esto puede hacer que alguien evite relaciones cercanas o tenga dificultades para confiar en los demás.

- **Perfeccionismo:** las expectativas poco realistas o la presión excesiva por parte de los padres o cuidadores pueden llevar a un perfeccionismo extremo en la vida adulta. Esto suele resultar en una constante insatisfacción consigo mismo y una sensación de fracaso al establecer estándares inalcanzables e inflexibles para uno mismo que llevan a frustración.

- **Autoacusación:** las personas que han experimentado abuso o negligencia durante la infancia pueden culparse a sí mismas por lo que les sucedió. Pueden creer que de alguna manera fueron responsables de lo que ocurrió, lo que genera sentimientos de culpa y vergüenza.

- **Dependencia emocional:** Algunas personas pueden desarrollar una dependencia emocional de otras personas como resultado de heridas de la infancia. Esto puede llevar a relaciones tóxicas y una falta de autonomía emocional.

- **Sentimientos de culpa y vergüenza:** creer que uno es inherentemente defectuoso o malo debido a las experiencias de la infancia.

- **Evitación de relaciones cercanas:** dificultad para confiar en los demás y formar vínculos emocionales cercanos.

- **Sensación de indefensión:** sentimiento de impotencia y falta de control sobre la propia vida.

ANGIE GHOSEN

El necesario VIAJE A LA INFANCIA

La terapia psicológica fue clave para ayudarme a abordar mis pensamientos negativos mediante la autoaceptación. Un viaje terapéutico a mi niñez reveló las raíces de mi tendencia a ver las cosas de forma negativa.

Soy la hija mayor de tres hermanos. Mis padres primerizos, incapaces de escuchar mi llanto de recién nacida y temerosos de que me pudiera pasar algo en la cuna mientras dormían, no tuvieron más remedio que llevarme todas las noches a la casa de mi abuela para buscarme por las mañanas.

Eso sucedió hasta los siete años de edad, pues aunque amaba y amo a mis abuelos inmensamente, yo quería dormir en casa con mis padres. Mis hermanos menores, Felipe y Andrea, no necesitaron esa rutina, pues un familiar llevó un dispositivo que alertaba a mis padres encendiendo una luz cuando detectaba llanto, ruido o sonido.

Así que la forma en que mis padres, al ser sordos, me sobreprotegieron llevándome a casa de mi abuela para evitar cualquier percance en mi niñez, yo la asumí como abandono y miedo al rechazo, desde lo inconsciente, porque conscienteffmente decía otra cosa.

Sí, lo que ellos entendían como protección, yo lo entendí como lo contrario, Y todo iba a peor por la imposibilidad de hablar con ellos de una manera corriente.

HOY ENTIENDO QUE A MIS PADRES, POR SUS LIMITACIONES, LES DABA MIEDO QUE A MÍ Y A MIS DOS HERMANOS NOS PASARA ALGO MALO, SIMPLEMENTE PORQUE MIRABAN EL MUNDO COMO UNA AMENAZA.

Y ese patrón de sobreprotección, como no lo había sanado, salió a relucir en mí cuando tuve a Camila. Se unieron todos los miedos de mi niñez: Camila, cuidado; Camila, que no te caigas; Camila, esto o aquello. Sobreprotección pura y dura.

Por eso, antes de ayudarme con la terapia psicológica, veía todo desde una perspectiva negativa, pero trabajé y trabajo en ello. Otro de los temas que he tratado con mi terapeuta es que yo no tenía a nadie que me escuchara de pequeña, por lo que terminé no escuchando a nadie, ni siquiera a mí misma.

"Solo si me siento valioso por ser como soy, puedo aceptarme, puedo ser auténtico, puedo ser verdadero". Jorge Bucay, escritor y psicoterapeuta argentino.

Patrones negativos que anulan tu potencial

La idea es que también tú te animes a viajar a tu infancia y mires de dónde viene, por ejemplo, tu perfeccionismo, inseguridad, pesimismo u otros lastres mentales que creas puedan estar jugando en tu contra al momento de un problema o desafío personal y que los cuestiones de manera compasiva, con humanidad y respeto hacia ti.

Cuando hay problemas, es fácil caer en el resentimiento y otros pensamientos tóxicos, por ello, desde mi experiencia, te propongo aceptar racionalmente la situación y cuestionar los pensamientos negativos que pueden estancarte en una crisis.

> ALGUNOS PATRONES MENTALES SON PROPENSOS A HACERNOS VER AMENAZAS DONDE NO LAS HAY, O A IMPEDIRNOS DESARROLLAR TODO NUESTRO POTENCIAL Y TALENTO. VEAMOS CUÁLES SON LOS QUE NOS ASALTAN EN LA VIDA COTIDIANA:

- **Generalización excesiva:** sacar una conclusión definitiva y extrema sobre uno mismo a partir de un evento aislado. Ejemplo: "No pude terminar este proyecto a tiempo. Soy un fracaso total".

- **Filtraje negativo:** enfocarse exclusivamente en los aspectos negativos de una situación, filtrando todo lo positivo. Ejemplo: "Mi jefe solo criticó una parte de mi trabajo, pero no valoró todo lo que hice bien".

- **Pensamiento catastrófico:** anticiparse a eventos negativos imaginando el peor escenario: "Seguro reprobaré este examen y eso arruinará mi carrera".

- **Personalización:** asumir la responsabilidad excesiva de eventos negativos que no dependen totalmente de uno mismo. Ejemplo: "Mi pareja está de mal humor. Debe ser por algo que yo hice mal".

- **Falacia de control:** sentir que debemos tener control total sobre situaciones que no dependen solo de nosotros. Ejemplo: "Debí haber convencido a mi jefe de no despedir a ese compañero".

- **Comparaciones:** compararnos constantemente con otros en desventaja propia. Ejemplo: "Mi amiga tiene más éxito que yo en todo: trabajo, pareja, vida social".

- **Etiquetas globales:** generalizar un rasgo o evento negativo a toda la identidad. Ejemplo: "Soy un inútil porque no pude hacer esta tarea bien".

Sé que es duro batallar contra patrones mentales que han estado ahí desde la infancia. Pero te aseguro que la solución está mucho más cerca de lo que crees: en ti mismo.

Sanar tu niño interior fortalece mucho la salud emocional. Esto ayuda a muchos que hoy en día crecen con miedos, sensación de fracaso o incapaces ante un desafío.

¿SABES CUÁNTAS PERSONAS HAY EN LA VIDA QUE NO HAN PODIDO SANAR ALGO DE SU INFANCIA? HOY LAS ACOMPAÑA UN DOLOR IMPRESIONANTE.

Por lo pesado que resultan los patrones mentales heredados de la infancia, en el próximo capítulo te ofrezco algunos consejos prácticos que me han servido para desarrollar pensamientos más flexibles y compasivos. Por lo pronto, te invito a hacer la siguiente actividad:

Renace

CAMBIANDO EL GUION

- Identifica un pensamiento negativo que hayas tenido desde la infancia

- Ahora, imagina que ese pensamiento es como un guion repetitivo de una obra que ya no te sirve más. Tú eres el director/a y tienes el poder de cambiar ese guion.

- En tu mente, reescribe ese pensamiento negativo con un mensaje empoderador. Por ejemplo: "Soy una persona valiosa", "Merezco ser amado/a"

- Repite este nuevo mensaje unas cuantas veces, sintiendo su energía positiva.

ANGIE GHOSEN

Desarrolla PATRONES MENTALES CONSTRUCTIVOS

Si has llegado hasta aquí, es evidente que buscas herramientas para enfrentar los patrones mentales negativos que te mantienen en la postración.

Tu mente es un jardín. Y cada pensamiento que tienes es como una semilla que plantas en este jardín. Algunas de estas semillas crecen y se convierten en flores que te traen alegría, inspiración y paz. Estos son tus patrones mentales positivos, como la gratitud, la empatía y el optimismo.

Pero no todo en el jardín es color de rosa. También hay semillas que crecen y se convierten en hierbas malas, que amenazan con asfixiar las flores y tomar control de tu jardín.

Estas hierbas son tus patrones mentales negativos, el perfeccionismo que nunca te deja satisfecho, la autocrítica que siempre está al acecho, la anticipción al rechazo o la ansiedad que hace que cualquier decisión parezca como escalar el Everest.

Ahora, déjame contarte la historia de Laura. Ella también tiene un jardín en su mente y, como el tuyo, no todo en él es perfecto. Laura es increíblemente talentosa y carismática, siempre la primera en ayudar a quien lo necesita. Pero ella también tiene una hierba maliciosa que crece rápido: la inseguridad.

ESTE PATRÓN MENTAL NEGATIVO HA OSCURECIDO SU JARDÍN DURANTE AÑOS, ROBÁNDOLE LA LUZ A LAS FLORES DE SU AUTOESTIMA Y CONFIANZA.

Laura trabajaba en un ambiente competitivo, en un puesto que exigía mucho de ella. Y aunque lograba cumplir con sus tareas de manera brillante, la inseguridad siempre estaba allí, murmurando en su oído: "Tuviste suerte esta vez, pero ¿qué pasa si la próxima vez no lo logras?"

Un día, su jefe la llamó para ofrecerle un ascenso. Era la oportunidad que había estado esperando, pero la inseguridad se levantó como una maleza, alta y amenazante. Laura dudó. "¿Y si no estoy a la altura? ¿Y si me descubren como un fraude?".

Pero aquí está el truco con los patrones mentales: también se pueden cambiar. Como cualquier jardín descuidado, el primer paso es reconocer qué hierbas necesitan ser arrancadas.

Laura empezó a trabajar con un coach y aprendió técnicas para replantar su jardín mental con pensamientos y hábitos más edificantes. Fue un trabajo duro, y el cambio no se dio de la noche a la mañana. Pero eventualmente, las flores volvieron a crecer, más fuertes, coloridas y resistentes que antes.

Cuando se le ofreció otro ascenso meses después, esta vez no dudó. Tomó la oferta con la seguridad que viene de saber que es capaz, que es digna, y que las hierbas malas en su jardín ya no tienen el control.

Tu propio jardín mental

Así que ahora piensa en tu propio jardín mental. Tal vez hay algunas hierbas malas que necesitan ser arrancadas. Pero recuerda, también hay espacio para sembrar nuevas flores. Y ese trabajo está completamente en tus manos.

El simple deseo de cuestionar tus pensamientos negativos para darle espacio a patrones edificantes es clave para cultivar la mentalidad de crecimiento que te permitirá superar desafíos y aprovechar las oportunidades de la vida.

Con conciencia, paciencia y práctica constante, puedes desarrollar nuevos patrones mentales más constructivos. ¡Tú tienes el poder de transformarte!

Cultivar patrones mentales constructivos es esencial para el bienestar personal, las relaciones interpersonales, el éxito profesional y el deseo de dejar un impacto positivo en el mundo.

¿Cómo hacerlo?

- **Identifica tus pensamientos automáticos negativos y cuestiónalos amablemente.** Ej: "Estoy pensando que soy un fracaso por no haber conseguido ese trabajo, ¿es realmente cierto?"

- **Reconoce y acepta tus emociones sin juzgarlas.** Ejemplo: "Siento tristeza porque no me salió como esperaba y está bien sentirse así". A todos nos asaltan pensamientos negativos en ocasiones.

- **No te exijas pensamientos positivos forzados.** A pesar de cierta literatura de autoayuda, los pensamientos, positivos o negativos, no se decretan, estos fluyen, como te he dicho, por muchas causas: desde heridas de la infancia hasta cómo te sientas en un momento y lugar determinados. Es más conveniente tener autocompasión. Ej: "No necesito fingir que no duele, me trataré con amabilidad".

- Sal de tu perspectiva cerrada y mira la situación de forma más amplia. Ej: "5 trabajos no definen toda mi carrera profesional".

- Agradece por lo que sí tienes en vez de enfocarte en lo que falta. Ej: "Tengo salud, un techo y apoyo de mis seres queridos".

- Antes de reaccionar, respira profundo y cuenta hasta 10. Esta simple pausa te ayudará a responder con calma y de una manera más aplomada y asertiva. La atención consciente a la respiración es una técnica de mindfulness simple pero poderosa. Cuando te distraigas con pensamientos negativos, simplemente vuelve tu atención a la respiración.

- Cultiva mindfulness para ganar distancia de tus patrones mentales. Ej: concéntrate en tu respiración cuando surjan. La meditación te ayuda a entrenar tu mente para centrarse en el presente y observar tus pensamientos sin juzgarlos.

- Rodéate de personas positivas que te alienten con compasión, no que refuercen patrones nocivos.

Un "mise en place" de pensamientos constructivos

Los pensamientos positivos no se decretan. Al igual que los patrones mentales negativos, se van internalizando a fuego lento en nuestra complejidad humana.

Sin embargo, es conveniente tenerlos oportunamente a mano, como en un "mise en place", para crear un plato que nos dé coraje y energía al momento de escalar la cuesta de las dificultades y volvernos más valiosos para nosotros y para los demás.

- "Puedo superar este desafío".
- "Aprenderé de esta experiencia".
- "Mis esfuerzos darán frutos".
- "Hay solución para este problema".
- "Tengo mucho potencial por delante".
- "Merezco amor y felicidad".
- "Estoy haciendo lo mejor que puedo".
- "Valoro los gestos de apoyo de otros".
- "Soy resiliente y sé adaptarme al cambio".
- "Confío en mí mismo y mis capacidades".
- "Estoy agradecido por las bendiciones en mi vida".
- "Mañana es un nuevo día lleno de oportunidades".
- "Mi vida tiene un propósito significativo".
- "Puedo contribuir positivamente al mundo".
- "Elijo ver el lado bueno de las cosas".
- "Estoy en paz con quién soy".

REPÍTETE ESTE TIPO DE AFIRMACIONES POSITIVAS. SON UNA GRAN HERRAMIENTA PARA CULTIVAR UNA MENTALIDAD OPTIMISTA Y CONSTRUCTIVA FRENTE A LA VIDA.

Beneficios de adoptar patrones mentales constructivos

Si aún no te atreves a apostar por los pensamientos edificantes, te doy siete estupendas razones para hacerlo:.

- Mayor autoestima
- Manejo del estrés y las emociones
- Resolución de problemas
- Relaciones sanas
- Mayor motivación
- Resiliencia
- Despierta la creatividad

- **Mayor autoestima y autoconfianza**

La mentalidad positiva permite reconocer los propios talentos y potencial. Creer en la capacidad de superar desafíos y aprender de los errores aumenta la autoconfianza. Esto nos motiva a ser perseverantes en la consecución de metas y objetivos.

- **Mejor manejo del estrés y las emociones**

El optimismo regula los estados de ansiedad o tristeza. Los patrones mentales constructivos reducen el estrés y la ansiedad. Simplemente porque en vez de preocuparse excesivamente por lo que podría salir mal, la persona se centra en cómo superar el desafío y adaptarse a la situación.

- **Habilidad para resolver problemas**

El enfoque mental constructivo permite ver soluciones y decidir convenientemente. Quien ve un problema con una mirada edificante, podría superar cualquier problema, sencillamente porque se enfoca en las posibles soluciones en vez de paralizarse por obstáculos y limitaciones.

- **Relaciones interpersonales más sanas**

Proyectar una mentalidad constructiva genera buena voluntad y cooperación con los demás. Quienes se centran en el crecimiento suelen ser comprensivos, empáticos y colaborativos, lo que facilita la resolución de conflictos.

- **Mayor motivación y logro de metas**

La perspectiva optimista impulsa la perseverancia para crecer y tener éxito. Las personas que adoptan una mentalidad de mejora constante adquieren nuevas habilidades y alcanzan objetivos profesionales más fácilmente.

- **Resiliencia ante la adversidad**

Ver lo favorable en situaciones difíciles aumenta el temple. Quien desarrolla una mentalidad positiva asume el fracaso como aprendizaje. Hace tiempo hice mío el dicho "el éxito se construye con ladrillos de fracasos".

- **Fomenta la creatividad**

Los patrones mentales constructivos impulsan la exploración de nuevas ideas y enfoques. La disposición a considerar diferentes perspectivas y a tomar riesgos conduce a la generación de soluciones innovadoras.

EL INTERROGATORIO COMPASIVO

1. En una hoja dibuja una cara sonriente (será la cara de tu "abogado compasivo") y escribe un pensamiento automático negativo que suelas tener.

2. Imagina que le haces un interrogatorio compasivo a ese pensamiento. Escribe preguntas abiertas para cuestionarlo, como:

- ¿Es esto 100 % verdad o hay matices?
- ¿Estoy considerando toda la evidencia o solo la negativa?
- ¿Hay otra forma de ver la situación?

3. Escribe una conclusión ecuánime basada en el interrogatorio, como "Cometí errores pero no soy un fracaso. Aprenderé de esto".

4. ¡Agradécele a tu abogado compasivo por mostrarte una perspectiva más amplia!

Este ejercicio te ayudará a desarrollar más compasión contigo mismo y ver las cosas de manera más realista y esperanzadora.

ANGIE GHOSEN

SUPERANDO LA OSCURIDAD y el silencio

De la inspiradora historia de Helen Keller podemos extraer estas cinco lecciones sobre cómo encarar los pensamientos mentales negativos para superarnos.

Se llamaba Helen Keller, nació en Tuscumbia, Alabama, EEUU, en 1880. Al principio, parecía destinada a la oscuridad y el silencio: con apenas 19 meses de nacida, una fiebre alta le robó la vista y la audición (como a mi madre, en el caso de la audición) y Keller quedó atrapada en un mundo sin colores, sonidos ni palabras.

Piensa por un momento lo que significa vivir sin ver la luz del día, sin escuchar risas, sin poder expresarse con palabras. Helen se encontraba en un estado de aislamiento, incapaz de comunicarse con el mundo que la rodeaba.

Anne Sullivan era una apasionada educadora y se propuso romper las barreras que separaban a Helen del mundo. Usó un método táctil, llevando las manos de Helen a objetos y letras para que pudiera sentir y comprender su entorno. Fue un proceso lento, pero Helen tenía una mente aguda y una voluntad férrea.

Un día Anne llevó a Helen a una fuente de agua y dejó que el agua corriera entre las manos de Helen mientras deletreaba la palabra "agua" en la otra mano. Entonces, la niña hizo la conexión. El líquido fresco que fluía tenía un nombre: "agua". Fue un momento de iluminación y un hito en su educación.

RENACE

A PARTIR DE ESE DÍA, HELEN KELLER NO SE DETUVO. APRENDIÓ A LEER, ESCRIBIR Y HABLAR PESE A SUS LIMITACIONES. SE CONVIRTIÓ EN UNA ÁVIDA LECTORA, GRADUÁNDOSE CON HONORES EN LA UNIVERSIDAD DE RADCLIFFE.

Luego, dedicó su vida a la defensa de las personas con discapacidades y los derechos civiles. La historia de Helen Keller es un testimonio poderoso de la capacidad humana de superar los pensamientos negativos y paralizantes que podrían haberla consumido en la oscuridad y el silencio. En lugar de eso, halló la fuerza para iluminarse ella e iluminar al mundo.

Lecciones de luz

El legado de Hellen ofrece muchísimas lecciones, sin embargo, quiero destacar cinco especialmente:

El poder de la voluntad

Importancia de la educación

Superar la frustración

Comunicación efectiva

Inspirar a los demás

EL LEGADO DE HELLEN

- **El poder de la voluntad:** Helen Keller demostró que la determinación y la voluntad pueden superar incluso los desafíos más desalentadores. A pesar de la falta de visión y audición, se negó a rendirse y aprendió a comunicarse y educarse de manera impresionante.

- **La importancia de la educación:** su determinación a aprender liberó a Hellen de la prisión de la oscuridad y el silencio. Esta lección nos enseña que el conocimiento y el aprendizaje son herramientas poderosas para superar las limitaciones y los pensamientos negativos.

- **Superar la frustración:** Helen no permitió que la frustración la derrotara. En lugar de eso, persistió, hallando maneras creativas de encarar su situación.

- **Comunicación efectiva:** a través de la comunicación efectiva, Keller pudo conectar con el mundo y expresar sus pensamientos y sentimientos. Esto nos recuerda que la comunicación es esencial para superar obstáculos.

- **Inspirar a los demás:** la vida de Helen Keller se convirtió en una fuente de inspiración para millones de personas en todo el mundo. Su historia nos recuerda que nuestras vidas tienen un impacto significativo en los demás.

Así que no te permitas, por ningún motivo, sucumbir a pensamientos castradores recurrentes, como los que te describo a continuación:

Quién no ha pensado alguna vez que...

Aquí algunos ejemplos comunes de pensamientos negativos. Estoy segura de que a todos, sin excepción, nos han asaltado estas ideas en ciertos momentos de nuestras vidas.

"Justifica tus limitaciones y te quedarás con ellas". Richard Bach (1936) Escritor y aviador estadounidense.

La diferencia entre quien se estanca en ellos o no, es cuestionarlos sin cuestionarnos nosotros mismos. Más adelante te explico cómo:

- "Soy un fracaso"
- "Nunca hago nada bien"
- "No soy inteligente/atractivo/talentoso"
- "Todo es mi culpa"
- "No puedo superar esto"
- "Nadie me entiende"
- "No sirvo para nada"
- "Voy a quedarme solo para siempre"
- "Mi vida no tiene sentido"
- "No tengo ningún valor"
- "El mundo es un lugar terrible"
- "Nunca alcanzaré mis metas"
- "Soy débil"
- "Debería ser perfecto"

- "No merezco amor"
- "Estoy destinado al fracaso"
- "No hay esperanza"
- "Estoy completamente agotado"
- "Todo es aburrido"

Aunque sean normales en la mente humana, debemos entender que estos pensamientos no representan la realidad o tu valor como persona. Son solo patrones mentales condicionados que aparecen en ciertos estados emocionales.

LA MEJOR ARMA PARA CUESTIONAR LOS PENSAMIENTOS NEGATIVOS ES MANTENIÉNDOTE COMPASIVO CONTIGO MISMO Y CONFIANDO EN QUE TÚ PUEDES ACTUAR PARA QUE LAS CIRCUNSTANCIAS MEJOREN.

Mis padres, por su misma condición de sordos, en ocasiones sienten que el mundo los apunta, los señala, pues al no escuchar se altera la información que reciben del exterior. Cada vez que tú te volteas ellos inconscientemente sienten que estás hablando de ellos, ya que no tienen la completa comprensión de lo que se está hablando.

Es fuerte porque esto los afecta emocionalmente, pero también se esfuerzan por ser los mejores. Por ello me han dado una gran lección de autovaloración y superación y de cómo cuestionar los pensamientos negativos que los asaltan en muchas ocasiones.

—— ANGIE GHOSEN ——

3
Aleja
LA CULPA

Todos experimentamos culpa y está bien que sea así cuando sentimos que hemos herido a alguien o transgredido reglas. Pero esta se vuelve perniciosa cuando llega para quedarse.

El sentimiento de culpa es esa sensación incómoda que aparece cuando creemos que hemos quebrantado ciertas normas morales o causado daño a otros. Es una emoción natural, pues está ligada a dos cualidades profundamente humanas, como son:

- La empatía o capacidad para ponernos en el lugar del otro y comprender su dolor, como te he explicado en el primer capítulo.

- La conciencia moral, esos valores éticos que nos permiten diferenciar el bien del mal y hacernos responsables de nuestros actos.

LA CULPA ES UNA EMOCIÓN MUY HUMANA QUE SURGE AL RECONOCER QUE SE HA HECHO ALGO MALO, QUE VA EN CONTRA DE LAS NORMAS MORALES O DE LOS PROPIOS VALORES. ES UN SENTIMIENTO INTERIOR DE ARREPENTIMIENTO.

Este sentimiento interior es la fuente de nuestro arrepentimiento, se alimenta de la conciencia individual y desaparece cuando reparamos el daño y aprendemos del error.

Lo malo es cuando llega para quedarse y se vuelve perniciosa por jugar en contra nuestra. Así que comprender sus matices y manejarla de manera saludable es clave para nuestro bienestar emocional y relaciones interpersonales.

TEST

¿CUÁN CULPABLE TE SIENTES TÚ?

Responde a las siguientes preguntas utilizando una escala del 1 al 5, donde 1 significa "No estoy de acuerdo en absoluto" y 5 significa "Estoy completamente de acuerdo". Escoge el número que mejor represente tus sentimientos y comportamientos habituales.

PREGUNTAS / ESCALA	1	2	3	4	5
Cuando cometo un error, me siento incómodo y ansioso durante mucho tiempo					
Tras un error, tiendo a pensar en cómo puedo corregirlo y evitarlo en el futuro					
Cuando alguien me hace sentir culpable, me resulta difícil perdonarme a mí mismo					
A menudo me autocritico a mí y me culpo por cosas que han salido mal en el pasado					

Tras un error, busco enmendarlo y aprender de la experiencia				
Cuando me siento culpable, tiendo a rumiar sobre mis errores y me cuesta dejarlos ir				
Siempre me preocupo si estoy decepcionando a alguien				
A menudo me culpo a mí mismo/a incluso cuando no tengo control sobre la situación				

PUNTUACIÓN Y EVALUACIÓN

Suma tus respuestas para obtener una puntuación total.

Si tu puntuación total está entre **8 y 16**, tiendes más hacia la **culpa reparadora**.

Si tu puntuación total está entre **17 y 40**, tiendes más hacia la **culpa corrosiva o perniciosa**.

Te advierto que este test es solo una herramienta de autoevaluación y no un diagnóstico profesional. Si sientes que la culpa está afectando negativamente tu vida, considera buscar la ayuda de un profesional de la salud mental o un coach personal para trabajar en ello de manera más efectiva.

Conoce los MATICES DE LA CULPA

La culpa es como ese amigo sincero que te dice "Oye, metiste la pata, haz algo al respecto". Hasta ahí está bien... ¡no dejes que se convierta en tu narrador principal!

La culpa es como una espada de doble filo. En el mejor de los casos, es una alarma que te avisa que algo está mal, que has cometido un error y necesitas hacer algo al respecto. Es como ese amigo sincero que te dice: "Oye, la has fastidiado. Haz algo para arreglarlo".

Y cuando escuchas esa voz y tomas medidas, la culpa ha hecho su trabajo. Te ayuda a crecer, a ser una mejor persona, a aprender a no meter la pata de la misma manera otra vez.

"La culpa no está en el sentimiento, sino en el consentimiento". San Bernardo de Claraval, eclesiástico francés.

Pero aquí es donde se complica: cuando esa culpa se convierte en tu narrador principal, el que te susurra historias acerca de cuán malo eres, cuán indigno te encuentras, cuán irreversible es tu error. Ahí es cuando te arrastras por un pozo emocional del que es difícil salir.

Te paralizas, te encierras en ti mismo y te condenas a un ciclo repetitivo de desesperación y arrepentimiento. Ya no estás usando la culpa como una herramienta para mejorar; te has convertido en su prisionero.

Tipos de culpa

Veamos los dos tipos de culpa que plantea la literatura psicológica actual:

Culpa "sana" o "reparadora"

- Surge cuando hemos infringido nuestros valores morales y nos motiva a tomar acciones para enmendar el daño.
- Impulsa el cambio positivo.
- Es proporcional y focalizada en conductas específicas.
- Se trata de una respuesta temporal.

Culpa corrosiva o "desadaptativa"

- Supone la autocrítica excesiva, desproporcionada y permanente que carcome tu autoestima.
- No conduce a una solución reparadora, por el contrario, profundizas en el dolor.
- Te paraliza con la autocondena.
- Se generaliza a la identidad, es decir, que no solo te sientes culpable por acciones o comportamientos específicos, sino que también interiorizas esa culpa como parte de quien eres como persona.

"La mejor manera de librarse de la culpa consiste en reconocerla." Erma Bombeck, humorista y escritora estadounidense

Una pista para diferenciarlas es examinar si la culpa nos ayuda a crecer o nos hunde en pensamientos inútiles. La clave está en cultivar la autocompasión y concentrarnos en acciones reparadoras, no en culparnos sin fin. Es la única manera de transformar la culpa en crecimiento.

LA CULPA REPARADORA FOMENTA LA CONSIDERACIÓN HACIA EL OTRO AL IMPULSARNOS A ENMENDAR NUESTROS ERRORES. ADEMÁS PROMUEVE EL APRENDIZAJE DE LAS EXPERIENCIAS NEGATIVAS.

La siguiente tabla te permitirá visualizar las diferencias entre la culpa sana o reparadora y la perniciosa o corrosiva:

ASPECTO	CULPA REPARADORA	CULPA CORROSIVA
FUNCIÓN	Motiva la mejora personal y enmienda de errores.	Se convierte en un peso emocional sin propósito
ADMISIÓN DE ERRORES	Se reconoce la falta como oportunidad de crecimiento.	Amplifica el error, llevando a la autocensura.
ACTITUD	Asume la responsabilidad y busca soluciones.	Culpa a otros o se niega a asumir la responsabilidad.
ACEPTACIÓN	Promueve la compasión hacia uno mismo.	Fomenta la autocrítica y la baja autoestima.
EMOCIONES	Sensación temporal de malestar, seguida por la acción.	Afecta la salud mental por angustia emocional duradera.
RELACIONES	Facilita la resolución de conflictos.	Crea distancia por el resentimiento.
APRENDIZAJE	Impulsa el aprendizaje de la experiencia.	Lo limita al generar miedo a cometer errores.
TIEMPO	Se enfoca en el presente y el futuro para mejorar.	Se centra en el pasado, impide avanzar y crecer.

LA CULPA FOCALIZADA EN ACCIONES PUNTUALES (CULPA REPARADORA) PERMITE RECONOCER FALLAS, ENMENDAR Y APRENDER SIN DESTRUIR LA IDENTIDAD.

Por supuesto, que te inclines a uno u otro tipo de culpa dependerá de la resiliencia personal y el contexto cultural.

De modo que este sentimiento tiene una función social reguladora pero debe manejarse en dosis adecuadas y canalizarse de forma constructiva. La autocompasión es una gran ayuda para no caer en la culpa perniciosa.

Los beneficios de la culpa reparadora

Adecuadamente dosificada, la culpa promueve la empatía, la reparación de daños, el fortalecimiento de las relaciones interpersonales y el apego a estándares éticos. Así que conoce los 5 beneficios de la culpa reparadora.

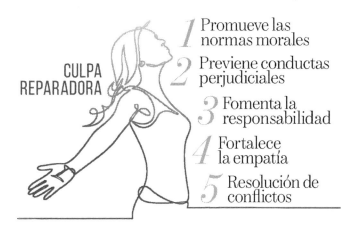

CULPA REPARADORA

1 Promueve las normas morales
2 Previene conductas perjudiciales
3 Fomenta la responsabilidad
4 Fortalece la empatía
5 Resolución de conflictos

1. Promueve las normas morales

La culpa ayuda a establecer y mantener normas morales en la sociedad. Cuando una persona siente culpa por transgredir estas normas, actúa como un recordatorio interno para cumplir con las expectativas morales compartidas.

¿Sentiste culpa por hacer trampilla en un juego? es más probable que evites hacerlo nuevamente, lo que promueve la equidad y la honestidad en el juego.

2. Previene comportamientos perjudiciales

La culpa actúa como un sistema de control interno que nos disuade de cometer acciones dañinas o perjudiciales hacia los demás.

Cuando anticipamos que nos sentiríamos culpables por herir a alguien, es menos probable que llevemos a cabo la acción. Y posiblemente echaremos mano de comportamientos más asertivos y conciliatorios

¿Acaso no te ha pasado que le dices cosas hirientes a un ser querido durante una discusión y luego te arrepientes?

3. Fomenta la responsabilidad personal

La culpa nos hace asumir la responsabilidad de nuestros actos. Al reconocer que hemos causado daño o hemos cometido errores, nos sentimos motivados a corregir esos errores y compensar el daño causado.

Si accidentalmente dañamos la propiedad de alguien, nos sentimos culpables y nos ofrecemos a pagar por los daños y disculparnos.

4. **Fortalece la empatía**

La culpa nos permite comprender y empatizar con los sentimientos de los demás. Cuando sabemos cómo se siente alguien cuando lo herimos, es más probable que actuemos con empatía y consideración hacia sus emociones. ¡Cuando nos sentimos pésimo por haber olvidado el aniversario de bodas y herido los sentimientos de nuestra pareja!

5. **Resolución de conflictos**

La culpa desempeña un papel en la resolución de conflictos al motivarnos a disculparnos y buscar soluciones. Cuando ambas partes en un conflicto sienten culpa por su contribución, están más dispuestas a trabajar juntas para encontrar una solución que beneficie a todos.

En una disputa con un colega de trabajo, si ambos sienten culpa por su comportamiento, es más probable que se sienten a dialogar y encontrar una solución que permita la colaboración.

Esto es así cuando se trata de la culpa reparadora o el sentimiento de vergüenza que nos lleva a reconocer los propos errores; porque si se trata de la perniciosa, las personas se ponen a la defensiva, aumentando el conflicto.

BIEN CANALIZADA, LA CULPA ENSEÑA A PREVENIR DAÑOS FUTUROS MEDIANTE CAMBIOS DE CONDUCTA Y MAYOR CONCIENCIA ÉTICA.

Cuando la culpa
NO SE VA

Otro gallo canta cuando nos sumimos en la culpa perniciosa. Se convierte en un verdadero monstruo que arruina nuestras vidas.

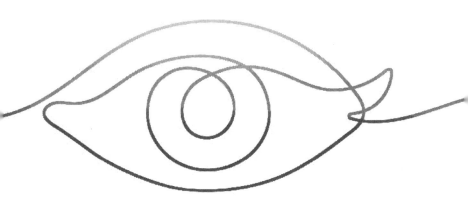

La culpa que sentí cuando me enteré de que Camila, mi hija, había heredado mi predisposición genética para la sordera, era como un ácido comiéndome por dentro.

No podía dejar de pensar que, de alguna manera, yo era el responsable de que su mundo fuera más silencioso que el de otros niños. "¿Cómo pude hacerle esto?", me preguntaba, llorando en silencio mientras la observaba jugar, completamente ajena a mi tormento interior.

Mi esposo ha estado hablando de tener más hijos. Y, oh Dios, la mera idea me paraliza. ¿Más hijos? ¿Correr el riesgo de que ellos también vivan en un mundo sin sonido, todo por culpa mía? Me atormenta la idea de ser yo, la portadora del gen, la que marca la vida de otro ser humano de esa manera.

SENTIRNOS CULPABLES DE UNA MANERA PERNICIOSA ES UNA DE LAS EMOCIONES MÁS PARALIZADORAS QUE HAY. ADEMÁS DE SER INJUSTOS CON NOSOTROS MISMOS, LE AÑADE PESO A NUESTROS PROBLEMAS Y NOS IMPIDE ENCARARLOS CON VOLUNTAD DE SUPERACIÓN.

10 efectos graves de la culpa corrosiva

Un sentimiento pernicioso de culpa es capaz de hacernos la existencia miserable. Te enumero en las siguientes líneas diez consecuencias de caminar por el mundo con la carga de la culpa a cuestas:

1. **No se detiene:** la culpa corrosiva es como una mancha que nunca se va. Te hace sentir mal de manera constante, incluso por acciones triviales o cosas que escapan de tu responsabilidad y manejo de la situación.

2. **Te hunde:** en lugar de ayudarte a mejorar, la culpa corrosiva te hace sentirte peor contigo mismo. Puedes empezar a creer que eres una mala persona y que no mereces ser feliz.

3. **Se vuelve obsesiva:** en vez de ser una emoción pasajera, piensas una y otra vez en lo que hiciste mal, y eso puede afectar tu salud mental.

4. **Destruye relaciones:** la culpa afecta tus relaciones cuando te distancias de las personas que amas por remordimientos o creer que no mereces su amor.

5. **Te impide avanzar:** esta culpa te ata al pasado. No puedes avanzar porque siempre estás mirando hacia atrás y sintiéndote culpable por cosas que ya pasaron.

6. **Perjudica la salud:** la culpa perniciosa puede causar estrés, ansiedad y depresión. ¡Y sabemos cuánto daño hace al cuerpo el estrés constante!

7. **No es productiva:** a diferencia de la culpa constructiva que te motiva a reparar errores y restablecer relaciones, la culpa corrosiva no te ayuda a cambiar. En cambio, te paraliza.

8. **No es justa:** la mayoría de las veces la culpa corrosiva te hace sentir culpable por cosas que no están bajo tu control o que no son realmente tu responsabilidad.

9. **Puede ser manipulada:** algunas personas usan el sentimiento de culpa para controlarte o manipularte. Pueden hacerte sentir culpable incluso cuando no tienes la culpa.

10. **Roba tu alegría:** lo peor de todo es que la culpa corrosiva te roba la alegría de vivir. Te impide disfrutar de la vida y ser feliz.

La buena noticia es que puedes aprender a enfrentar y superar la culpa corrosiva. Hablar con un terapeuta, practicar la autoaceptación y aprender a perdonarte a ti mismo son pasos importantes para liberarte de esta carga.

Todos cometemos errores, pero eso no nos hace personas malas. ¡La vida es demasiado corta para vivir atrapado en la culpa corrosiva!

EL RITUAL DE PERDÓN

Materiales

- Papel
- Vela blanca
- Cuenco de cerámica
- Papel y lápiz
- Disposición a perdonarte

Procedimiento

1. Busca un lugar tranquilo y date unos minutos de quietud y respiración profunda para calmar la mente.

2. Piensa en ese sentimiento de culpa corrosiva que quieres soltar. Sin juzgarte, visualízalo como una energía pesada que oprime tu pecho.

3. Enciende una vela blanca dentro del cuenco de cerámica.

4. Escribe en un papel alguna palabra que simbolice esa culpa. Por ejemplo: "vergüenza", "fracaso", "impotencia", etc.

5. Acerca el papel al corazón y dile con compasión: "Ya no necesito cargar este peso, me libero ahora".

6. Enciende el papel y lánzalo en el cuenco. Míralo consumirse completamente hasta desaparecer. Libera junto con él toda culpa.

7. Pon tus manos en el pecho y dile a tu corazón: "Me libero y me perdono". Repítelo varias veces respirando profundamente.

8. Cuando sientas alivio, agradece por esta oportunidad de soltar el lastre del pasado y reconectar con la paz interior.

9. Puedes repetir este ritual siempre que sientas que la culpa corrosiva intenta apoderarse de ti. Y, antes que nada, ten compasión contigo mismo.

DIÁLOGO INTERNO contra la culpa

Cuando tendemos a ser muy críticos con nosotros mismos y caemos en la trampa de alimentar pensamientos negativos, es como si nos metiéramos un autogol.

❝ De verdad, ¿en qué estabas pensando? Este error no es algo pequeño, es un desastre de proporciones épicas. Tu jefe te confió esa presentación y la has arruinado por completo. Olvidaste incluir los datos más críticos y además te quedaste en blanco durante la sesión de preguntas y respuestas. ¡Qué vergüenza!"

"Ahora todos en la oficina van a pensar que eres incompetente. Tal vez incluso piensen que llegaste hasta aquí por pura suerte y no por tus habilidades. Y no los culpo, porque "¿cómo pudiste ser tan irresponsable como para no revisar tres veces esos *slides*?"

"Vas a ser el tema de conversación en los chats privados y en los descansos para el café. '¿Has oído acerca del monumental error de la presentación?' Esa será la nueva fama alrededor de mi nombre. Tu reputación está dañada y este tipo de cosas no se olvidan fácilmente".

¿Te suena ese diálogo interno luego de cometer un error en la oficina? El diálogo interno es la conversación que tienes contigo mismo; se trata de un flujo constante de pensamientos y sentimientos que pueden ser conscientes o subconscientes.

EL DIÁLOGO INTERNO PUEDE SER POSITIVO, NEGATIVO O NEUTRAL, Y TIENE IMPACTO EN CÓMO TE PERCIBES Y CÓMO ENFRENTAS DIFERENTES SITUACIONES EN LA VIDA.

El diálogo interno actúa como un filtro a través del cual interpretamos el mundo. Influye significativamente en nuestro bienestar emocional, en nuestras decisiones y, por supuesto, en nuestras acciones.

Para cambiar lo que te dices a ti mismo

Trabajar para cambiar este diálogo interno destructivo hacia uno edificante es el mejor antídoto contra los sentimientos de culpa corrosiva. ¿Cómo desarrollar un diálogo interno positivo? Aquí mis claves:

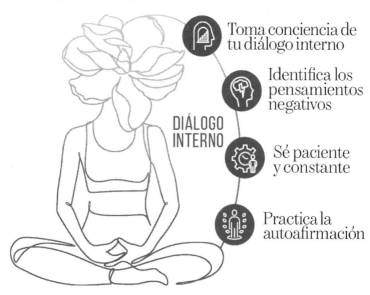

DIÁLOGO INTERNO

- Toma conciencia de tu diálogo interno
- Identifica los pensamientos negativos
- Sé paciente y constante
- Practica la autoafirmación

- **Toma conciencia de tu diálogo interno:** el primer paso es darte cuenta de qué estás diciéndote a ti mismo. Observa tus pensamientos sin juzgarlos.

- **Identifica los pensamientos negativos:** ¿hay patrones en los mensajes que te das a ti mismo? ¿Sueles ser duro y crítico contigo mismo? Reconocer estos pensamientos es el primer paso para cambiarlos.

- **Sé paciente y constante:** el desarrollo de un diálogo interno positivo es un proceso que toma tiempo. No esperes cambios de la noche a la mañana, y no te castigues si te encuentras volviendo a culparte en demasía. La autocompasión es esencial aquí; recuerda tratar contigo mismo con la misma amabilidad y paciencia que le darías a un amigo.

- **Practica la autoafirmación:** las afirmaciones son declaraciones positivas que puedes decirte a ti mismo para reforzar la confianza y la autoaceptación. Por ejemplo: "Soy suficiente tal como soy", "Estoy haciendo lo mejor que puedo", "Me acepto y me valoro". Puedes decir estas afirmaciones en voz alta o en silencio varias veces al día.

Intenta dedicar un tiempo cada día para practicar las técnicas que te he dado, incluso si al principio parece que no están teniendo mucho efecto. Cuanto más practiques, más natural se volverá y más fácil será "disculparte" por tus errores o circunstancias.

7 pasos para empezar

Ya que entiendes cómo construirlo, practica esta actitud en el día a día. Te propongo 7 pasos para empezar y te invito que añadas otros más de tu propia cosecha:

1. **Contextualiza.** Mira el panorama para entender las circunstancias atenuantes que llevaron a cierto comportamiento, en lugar de juzgarlo aisladamente.
2. **Todos cometemos errores.** Siempre hay aspectos que mejorar, no te exijas la perfección.
3. **Equilibra la autocrítica.** Piensa en tus buenas intenciones y lo mejor que pudiste hacer en ese momento. No te enfoques en la falla, ni dejes que te defina lo negativo.

4. **Trátate como a un amigo.** Exprésate apoyo y aliento, como harías con un buen amigo en una situación similar.

5. **Piensa en lo que puedes reparar.** En vez de quedarte estancado en la culpa.

6. **Aprende de la experiencia.** Todo error tiene como reverso una lección, búscala en vez de condenarte.

7. **Suelta el pasado.** Perdónate y comprométete a actuar de la mejor manera posible ahora en adelante.

HAZ QUE RELUZCA TU YO SABIO

Con esta actividad reforzarás tu diálogo interno positivo y evitar la culpa:

- Respira con atención y calma la mente.

- Imagina a tu yo interior lastimado que se culpa. Visualízate con compasión.

- Ahora imagina a tu yo sabio, lleno de fortaleza, expresándote frases como: "Entiendo que te sientas así, es parte de ser humano", "hiciste lo mejor que pudiste", "aprendamos de esto y sigamos adelante".

- Absorbe estas palabras de apoyo, validación y ánimo. Déjalas nutrir tu espíritu.

- Agradece la sabiduría de tu voz interior que te recuerda tu esencia más allá del error.

QUE NO TE MANIPULEN con la culpa

La culpa es una herramienta poderosa en manos de alguien que busca manipular o controlar a los demás. Este tipo de manipulación afecta tu autoestima y tu capacidad para tomar decisiones autónomas.

Estaba yo en un restaurante en Miami, lista para disfrutar de una buena cena, cuando la camarera llega a nuestra mesa con una actitud que, sinceramente, no se la desearía a mi peor enemigo. Ahora, podría haberme callado, tragarme la negatividad y permitir que arruinara mi noche.

Pero ¿sabes qué? No estaba dispuesta a que nadie me arruinara la cena que tanto había esperado. Así que hice algo al respecto: pedí hablar con el gerente y le expliqué la situación. "Mira, he venido aquí a disfrutar, no a que alguien me intoxique el ambiente con su negatividad", le dije.

El gerente tomó cartas en el asunto y nos asignó a otra camarera. Hasta ahí, todo bien. Pero luego algunos de mis amigos intentaron hacerme sentir como si yo fuera la mala de la película. "¿Y si la despiden? ¿Y si la reprenden?", me decían. Y ahí es donde entra esa nube tóxica llamada culpa, intentando meterse en mi cabeza.

Pero espera un segundo. ¿Acaso no debería ser ella la que se responsabilice de su actitud en el trabajo? Yo creo que mi queja probablemente le dejó una lección valiosa, una especie de llamada de atención sobre cómo trata a los clientes. Quizás incluso el impulso a mejorar su juego en el servicio al cliente o a buscar una formación adicional. De cualquier manera, le hice un favor, si lo piensas bien.

ASÍ QUE, ESCÚCHAME: NO DEJES QUE TE MANIPULEN CON LA CULPA CUANDO HACES UNA RECLAMACIÓN JUSTA.

¿Estás pidiendo algo razonable y justo? Entonces, adelante. No permitas que te hagan sentir culpable por querer una experiencia que se corresponda con tus expectativas, especialmente cuando estás pagando por ella. No eres el villano por exigir un buen servicio; Eres simplemente alguien que se respeta lo suficiente como para hablar. Y eso está más que bien.

Contra las tácticas manipuladoras

Las tácticas manipuladoras pueden surgir en diversas situaciones de la vida, te advierto de las más frecuentes, para que te prepares a afrontarlas:

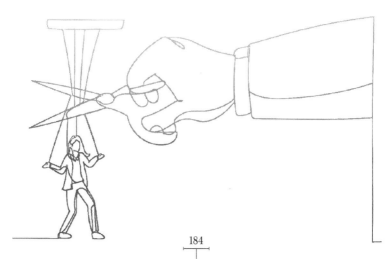

1. **Chantaje afectivo:** en este escenario, alguien podría decirte algo como "Si realmente me quisieras, harías esto por mí". Es clave reconocer que no eres responsable de los sentimientos de esa persona.

> EL AMOR NO DEBE BASARSE EN CUMPLIR DEMANDAS PARA PROBAR SU AUTENTICIDAD. MANTÉN TU AUTONOMÍA, PUES EL AMOR SE BASA EN LA ELECCIÓN Y EL RESPETO MUTUO.

2. **Victimismo:** algunos recurren al victimismo para manipular emocionalmente. Podrían decir algo como "Mi vida es tan dura por tu culpa". En este caso, evita adoptar o rechazar su narrativa. En su lugar, mantén compasión por sus dificultades, pero no asumas la responsabilidad por ellas. Cada uno es responsable de su propia vida y bienestar emocional.

3. Comparaciones destructivas: las comparaciones negativas, como "Nunca serás tan bueno como tu hermano", pueden ser dolorosas y marcarnos para siempre. Escúdate de esto enfocándote en tus cualidades únicas y acepta que cada persona es diferente.

4. **Exigencias irracionales:** si alguien te dice por ejemplo "Me fallaste porque no me cumpliste", tómate un momento para evaluar si la solicitud es razonable. Mantén límites saludables y comunica de manera asertiva si no puedes cumplir con una demanda irracional. No te culpabilices por poner límites.

5. **Culpar sin razón:** en ocasiones, puedes enfrentarte

a situaciones en las que alguien te culpa sin motivo válido. En estos casos, confía en tu criterio y no asumas culpas ajenas. No te sientas responsable por algo que no hiciste.

6. **Insistencia excesiva en un error:** si alguien continúa insistiendo en un error que hayas cometido en el pasado, acepta que lo cometiste, pero no permitas que te utilicen para hundirte indefinidamente. Aprende de tus errores y no te sometas a un castigo emocional constante.

Lo más relevante en todas estas situaciones es reconocer estas tácticas manipuladoras y mantener límites convenientes. La culpa solo es válida cuando realmente has causado daño, y ese sentimiento debe ser proporcional a la situación creada por tus acciones o palabras.

> VALIDAR TUS SENTIMIENTOS Y AFIRMAR TUS LÍMITES ES CLAVE PARA MANTENER RELACIONES EQUITATIVAS Y TU BIENESTAR EMOCIONAL. CUIDAR DE TI MISMO NO ES EGOÍSTA, ES UN ACTO DE AMOR PROPIO.

Volviendo a la anécdota en el restaurante, te digo que, en vez de autoculparme por la situación, reconocí que la culpa recaía en la actitud desdeñosa de la camarera. Esta experiencia me enseñó a no permitir que la negatividad de otros influya en mi bienestar y a mantener una actitud positiva hacia lo que consumo en todos los aspectos de mi vida.

A propósito de la anécdota personal con la que comienzo este capítulo, quiero invitarte a hacer una actividad introspectiva, para que defiendas tus intereses sin ningún tipo de remordimiento.

RITUAL PARA DEFENDERME SIN CULPA

1. Encuentra un lugar tranquilo donde puedas estar a solas durante unos minutos.

2. Siéntate cómodamente y cierra los ojos. Respira profunda y lentamente tres veces.

3. Pon una mano sobre tu corazón y la otra sobre tu abdomen. Siente cómo tu cuerpo se expande con cada inhalación.

4. Repite en voz baja o mentalmente este mantra: "Merezco ser escuchado y respetado. Mis necesidades son válidas."

5. Visualiza una luz cálida que rodea y protege tu corazón. Es tu fuerza interior.

6. Repítete: "Defender mis límites no es un acto egoísta. Es un gesto de amor propio.

7. Abre los ojos. Mantén la imagen de la luz en tu corazón mientras defiendes tus intereses con calma y firmeza.

8. Si surgen sentimientos de culpa, respira profundamente y vuelve a ese espacio de autocompasión.

— ANGIE GHOSEN —

4
Cultiva la GRATITUD

En este viaje de crecimiento, te invito a explorar por qué la gratitud tiene un impacto tan profundo en nuestra salud emocional y bienestar y cómo incorporarla en nuestra vida.

Mi padre es el mejor carpintero que he conocido y doy gracias a la vida por ello. Hace trabajos maravillosos con gran esmero, por eso es apreciado y cotizado en su área. Ello le permitió darnos a mis hermanos y a mí la mejor educación y todas las facilidades posibles: cuando me gradué, me regaló mi primer carro para ir a la universidad. Pero no solo fue lo material...

Su historia es una gran lección de superación a las pruebas de la vida y motivo de orgullo para mí. A pesar de su discapacidad auditiva, me enseñó una lección invaluable: ser magnífico, ser el mejor así te falte un sentido.

Claro que nada fue fácil. Tuve muchas dificultades para comunicarme con él y con mi madre, me sentí muchas veces sola por no poder sostener una conversación fluida con ellos, por eso no fue raro que haya elegido la Comunicación Social como carrera profesional.

Pero no me quedo con eso, sino más bien el testimonio de grandeza que puede alcanzar el ser humano cuando se sobrepone a las dificultades y a las pruebas de la vida con tenacidad y determinación.

Verlo sobreponerse con optimismo una y otra vez a los desafíos me llenan el alma de admiración y gratitud. Ese es el gran regalo que me brindó el destino como hija CODA.

Abrí este paso con el testimonio de mi padre y mi gratitud hacia él porque a veces nos cuesta agradecer por las pequeñas y grandes cosas de la vida.

TEST
¿CUÁL ES TU NIVEL DE GRATITUD?

He aquí un sencillo test de 5 preguntas para evaluar tu nivel de gratitud:

PREGUNTAS	OPCIÓN A	OPCIÓN B
Al pensar en mi vida, suelo enfocarme en	Lo que me falta	Lo que tengo
Si recibo un regalo o favor, por lo general	Lo doy por sentado	Agradezco y lo expreso
Frente a un problema, tiendo a:	Quejarme, evadir	Valorar el prendizaje
Cuando algo sale mal, normalmente	Me deprimo	Miro el lado bueno
Diría que mi actitud hacia la vida es:	Inconforme	De alegría y abundancia

RESULTADOS

Mayoría A: no estás cultivando suficiente gratitud. Trabaja en apreciar más lo que tienes.

Mayoría B: demuestras altos niveles de gratitud. Sigue nutriendo esta bendición en tu vida.

LA GRATITUD, más que dar las gracias

Cuando practicamos la gratitud, no solo expresamos nuestra apreciación, también cultivamos una mentalidad positiva y una perspectiva optimista de la vida.

Nick Vujicic, nacido en 1982 en Melbourne, Australia, no fue un niño cualquiera: llegó al mundo sin brazos ni piernas. Obstáculos físicos abrumadores que podrían haberlo sumido en la oscuridad, pero Nick vio en la gratitud la luz al final del túnel.

Durante su infancia luchó con preguntas dolorosas sobre su valía y propósito, pero eventualmente encontró respuestas en su fe y en el amor de su familia y aprendió a enfrentar el mundo con una sonrisa en lugar de enojo.

La vida de Nick nunca fue fácil. La crueldad de algunos, la ignorancia de otros y los desafíos diarios podrían haberlo llenado de amargura. Pero él se negó a dejar que su discapacidad definiera su vida. En cambio eligió definirse por su valoración de lo bueno y su deseo de dejar un impacto positivo en el mundo y, de paso, inspirar a otros.

Su mensaje se centraba en la idea de que todos tenemos un propósito y un valor, independientemente de nuestras circunstancias. Así, se convirtió en conferencista motivacional y autor de renombre internacional. Viajó por el mundo compartiendo su historia de superación y gratitud.

Las "ganancias" de ser agradecido

El valor de la gratitud en nuestra vida nos ofrece muchas ganancias personales, como la siguientes:

DIVIDENDOS DE LA GRATITUD

- Aumenta la resiliencia
- Desarrolla la empatía
- Mejora las relaciones
- Combate la insatisfacción
- Disminuye las angustias

1. **Aumenta la resiliencia.** Al tener una visión esperanzadora de la vida, enfocándonos en lo positivo.

2. **Mejora las relaciones.** Por la mayor conexión con quienes nos rodean y con la humanidad en general.

3. **Desarrolla la empatía.** Quien es agradecido valora lo que se le ha dado y sintoniza con los sentimientos de los demás. Esto aviva el deseo de reciprocidad.

4. **Combate la insatisfacción crónica.** Si agradeces por las pequeñas y grandes cosas, serás más capaz de sentir una mayor realización y significado en la vida.

5. **Disminuye la angustia.** Al liberarnos de emociones tóxicas como la envidia, el rencor y la avaricia.

Lecciones de gratitud

Al cultivar la gratitud transformamos nuestra manera de ver la vida y de relacionamos con ella. Abrimos nuestro corazón a la belleza y las posibilidades de cada momento.

A pesar de sus limitaciones físicas, Nick Vujicic halló razones para agradecer. Demostró que la gratitud no se trata de lo que tenemos, sino de cómo vemos lo que tenemos.

- **La actitud lo es todo:** Nick Vujicic muestra que la actitud es la llave para abordar desafíos. A pesar de nacer sin extremidades, eligió una actitud de aprecio por la vida y determinación en lugar de permitir que el victimismo o la amargura lo dominaran.

- **Las limitaciones no te definen:** Nick se negó a dejarse definir por sus limitaciones físicas. Se centró en lo que podía hacer en lugar de lo que no podía. Esta lección nos muestra que nuestras limitaciones no tienen por qué definirnos; con generosidad podemos superarlas y trascenderlas.

- **Propósito en la inspiración:** Nick encontró su propósito al inspirar a otros con su historia. Nuestros desafíos pueden convertirse en nuestra fuente de empoderamiento cuando los usamos para inspirar y ayudar a otros.

- **La resiliencia es una fortaleza:** la vida de Nick fue resiliente. Enfrentó desafíos que podrían haber derrotado a cualquiera. Su capacidad para recuperarse y seguir adelante nos muestra que la resiliencia es una fortaleza que todos podemos cultivar.

Más que dar las gracias sin pensarlo demasiado, como cuando agradecemos porque algún compañero de trabajo nos espera en el ascensor, por algún buen consejo o porque alguien nos presta un buen servicio, la gratitud profunda es una gran inversión en nuestro bienestar emocional, en la calidad de nuestras relaciones y en nuestra misma trascendencia como persona.

Mis aprendizajes

De la apreciación de lo bueno que me ha dado la vida, extraigo los siguientes aprendizajes. Te sugiero que pienses en tus propias circunstancias y en quienes te permitieron llegar a ser quien eres y alcanzar tus logros:

- Agradecer los talentos de los seres queridos y cómo los cultivan para bien de la familia. En este caso, la maestría en carpintería de mi papá; aplícalo tú a tus padres o seres queridos que te sustentaron.

- Valorar las oportunidades que nos dan nuestros padres o cuidadores, como la educación, un techo y demás facilidades para desarrollarnos. Piensa en los apoyos que recibiste y recibes de quienes te quieren.

- Reconocer sus sacrificios para darnos lo mejor, más allá de lo material. Indaga en los valores que están detrás del logro material: ¿trabajo duro y honesto?, ¿amor familiar?

- Admirar la capacidad de superación ante la adversidad y extraer aprendizajes de ello, como la tenacidad de mi padre a pesar de su discapacidad.

- Apreciar a quienes nos motivan a ser mejor persona y desarrollar nuestros dones al máximo. Una manera de agradecer a los seres queridos es darles motivos de orgullo con nuestro crecimiento y nuestra actuación.

ALEGRÍAS COTIDIANAS

Esta práctica entrena nuestra mente para apreciar los pequeños placeres de cada día. Con el tiempo, se vuelve un hábito que nos permite vivir con más plenitud.

1. Antes de dormir, respira profunda y lentamente tres veces.

2. Trae a tu mente tres cosas sencillas que hayan traído alegría a tu día, como p. ej. el abrazo de un ser querido; el aroma del café recién hecho por la mañana o la alegría de tu mascota al llegar a casa.

3. Para esas pequeñas alegrías, toma unos segundos y revive la sensación en tu cuerpo y mente. Absorbe los detalles.

4. Di en voz alta o mentalmente: "Estoy agradecido por..." y nombra cada una de esas tres cosas.

5. Siente la gratitud expandirse en tu pecho como una calidez reconfortante.

6. Haz la intención de mantenerte atento a las fuentes de alegría desapercibidas.

ANGIE GHOSEN

La gratitud, una MENTALIDAD DE ABUNDANCIA

Ser agradecido es una cualidad y una práctica transformadora que tiene el poder de enriquecer nuestras vidas y fomentar un crecimiento personal significativo.

Supón por un momento que tienes en tus manos un vaso de agua. Puede estar medio lleno o medio vacío, dependiendo de cómo lo mires. Siempre has oído hablar de eso, ¿verdad? Bueno, resulta que la gratitud es como ponerse unas gafas que te hacen ver el vaso medio lleno, incluso cuando la vida parece insistir en mostrártelo medio vacío.

ES COMO SI DE REPENTE, ALGUIEN HUBIERA ENCENDIDO UNA LÁMPARA EN UNA HABITACIÓN QUE SIEMPRE PENSÓ QUE ESTABA DESTINADA A ESTAR OSCURA.

La cosa es que la gratitud no es solo un cliché de autoayuda; es una fuerza transformadora de vidas. Cuando comienzas a contar tus bendiciones, incluso las pequeñas, algo magnífico sucede. Empiezas a darte cuenta de que tienes más de lo que pensabas.

Tal vez no tienes la casa de tus sueños, pero tienes un hogar. Tal vez tu trabajo no es emocionante, pero paga las facturas y te da seguridad. Y esos amigos y familiares que te apoyan, bueno, ellos son verdaderos tesoros.

En lugar de andar por la vida como un buscador eterno, mirando hacia el próximo hito o la próxima compra para hallar felicidad, empiezas a entender que la felicidad ya está aquí, en este momento. La gratitud te da ese golpecito en la espalda que dice: "Oye, relájate, tienes lo justo para ser feliz".

"La gratitud convierte lo pequeño en suficiente, lo viejo en precioso y lo escaso en abundancia." Melodie Beattie, escritora y conferencista estadounidense.

Esto no quiere decir que dejes de aspirar a más o de luchar por tus sueños. Al contrario, una mentalidad de abundancia te da el combustible emocional para avanzar Es como si la gratitud fuese esa amiga sabia que siempre te recuerda que eres suficiente tal y como eres, mientras te ayuda a alcanzar las estrellas.

Porque aquí está la verdad más grande de todas: una mentalidad de abundancia te libera. Deja de ser esa carrera interminable en una rueda de hámster que nunca llega a ninguna parte y se convierte en un paseo más tranquilo, significativo y trascendente.

Para una mentalidad de agradecimiento

La próxima vez que sientas que la vida te ha dado limones, trata de mirar a tu alrededor y encontrar algo por lo que estar agradecido. Te sorprenderá la cantidad de azúcar que tienes para hacer esa limonada. Aquí hay algunas formas de cultivar esta mentalidad:

1. **Lleva un diario de gratitud**

Un diario de gratitud es una práctica poderosa para reconocer y apreciar las bendiciones cotidianas. Cada día, anota tres cosas por las que te sientes agradecido. Pueden ser pequeñas, como las flores del jardín, o grandes, como el apoyo incondicional de un ser querido.

Este ejercicio te ayudará a enfocarte en lo positivo y a entrenar tu mente para ver la abundancia que te rodea.

2. **Encuentra la belleza en lo cotidiano**

Solemos pasar por alto las pequeñas cosas que hacen que la vida sea hermosa. Prueba a detenerte y observar detenidamente a tu alrededor. ¿Has notado la vida que pulula en el paisaje que te rodea, el sol te da la bienvenida a un nuevo día o la gracia del brillo lunar por las noches? Aprecia estas experiencias simples y encuentra la belleza en lo cotidiano.

3. **Conexión y generosidad, un círculo virtuoso**

La gratitud también nos conecta con las fuentes de bondad en nuestro entorno, ya sea en forma de personas que nos rodean o la propia vida. No subestimes el poder de expresar tu gratitud hacia los demás. Es un bumerán de buena onda que termina por envolverte.

Cuando alguien hace algo amable por ti, ya sea un amigo, un colega o un extraño, toma un momento para decir las gracias. Esta simple acción no solo fortalece las relaciones, sino que también permite que la bondad se propague.

4. **Practica actos generosos**

La gratitud implica retribuir las bendiciones recibidas. Participar en actos generosos hacia los demás no solo es gratificante, sino que crea un ciclo virtuoso de bondad en el mundo. Puedes ayudar a alguien, donar a una causa o simplemente ofrecer una sonrisa y palabras amables.

5. **Con la humildad, te creces**

La gratitud implica la humildad de reconocer que muchas cosas buenas vienen por gracia y no solo por mérito propio. Piensa retrospectivamente y reconoce que, aunque has trabajado duro, también has recibido apoyo, oportunidades y amor de otros. Agradecer por estas contribuciones nos llena de humildad y gratitud.

5 ACTIVIDADES PARA AGRADECER

Te propongo tres actividades precisas que te ayudarán a fortalecer una actitud agradecida y abierta a los demás:

1. El desafío de 30 días

Durante 30 días consecutivos, antes de irte a dormir, anota tres cosas por las que estás agradecido en tu diario de gratitud. Observa cómo tu perspectiva cambia a lo largo del mes.

2. Crea un altar de gratitud

Elige un rincón en tu hogar donde puedas colocar objetos que te recuerden tus bendiciones y cosas por las que estás agradecido. Pueden ser fotografías, notas de agradecimiento o pequeños objetos simbólicos.

3. Actos de bondad aleatoria

Realiza actos de bondad aleatorios hacia desconocidos. Puede ser tan simple como pagar el café a la persona detrás de ti en la fila. Observa cómo estas acciones generan una sensación de abundancia y alegría.

4. Enfócate en lo positivo

Cada vez que te encuentres pensando en lo que te falta o en lo negativo, cambia tu enfoque conscientemente hacia lo que tienes y lo positivo en tu vida. Practica este cambio de perspectiva a lo largo del día.

5. Comparte tus bendiciones

Habla con amigos o familiares sobre las cosas por las que estás agradecido. Compartir tus gratitudes con otros puede fortalecer aún más tu sentido de abundancia.

Vivencias adversas, FUENTES DE GRATITUD

Las experiencias adversas suelen enseñarnos lecciones valiosas. En lugar de lamentarte por los desafíos, trata de encontrar algo positivo en ellos y agradécelo.

La gratitud nos ayuda a sacar fuerzas del interior y a conectarnos con el amor que nos rodea, incluso en episodios sombríos y desafiantes. Esta certeza me hizo recordar la historia de Pedro, un viejo bonachón amigo de papá:

En un giro inesperado del destino, Pedro se encontró atravesando momentos difíciles en su vida. Aunque las nubes grises parecían rodearlo y la adversidad lo golpeaba, halló en la gratitud un rayo de luz que iluminó su camino.

Pedro había perdido su trabajo a una edad madura, y con él, parte de su estabilidad y seguridad. El futuro se cernía sobre él como una sombra inquietante. Pero en lugar de permitir que la tristeza y la preocupación tomaran el control, prefirió ser agradecido.

UNA VEZ FUE A CASA Y, A PESAR DE SU SITUACIÓN, NO MOSTRÓ ABATIMIENTO. MIENTRAS TOMABA SU TAZA DE CAFÉ, NOS DIJO QUE SIEMPRE APARTABA UN MOMENTO PARA RECORDAR LAS COSAS POSITIVAS QUE AÚN TENÍA EN SU VIDA.

Agradecía por la salud que gozaba, por el techo que lo resguardaba y por las amistades que lo rodeaban, como la de mi padre. Esta práctica le ayudaba a mantener la perspectiva, recordándole que, a pesar de los problemas, aún tenía razones para sonreír.

Así que expresar gratitud se convirtió en su tabla de salvación emocional. Cuando la angustia o la tristeza intentaban apoderarse de él, Pedro se detenía a reflexionar sobre las pequeñas bendiciones que lo rodeaban.

PEDRO SENTÍA QUE EL GESTO DE AGRADECER GENERABA EMOCIONES POSITIVAS QUE COMBATÍAN LA IRA Y LA DESESPERACIÓN PROPIAS DE SU DESAFIANTE SITUACIÓN.

A medida que avanzaba en su búsqueda de un nuevo trabajo, Pedro se dio cuenta de que agradecer cualquier ayuda que recibía, sin importar cuán pequeña fuera, le hacía sentir que no estaba solo en su lucha. Cada gesto amable de amigos y familiares le recordaba que la comunidad estaba allí para apoyarlo.

Además, aprendió a valorar las lecciones y habilidades que había desarrollado en desafíos pasados. No miró su situación actual como una barrera insuperable, sino que la consideró como una nueva oportunidad para aplicar lo que había aprendido en el pasado. Esto le dio el empuje para enfrentar la nueva prueba con determinación.

Aprendí de él que, en lugar de enfocarse en factores externos sobre los que no tenía control, se centraba en lo que sí podía cambiar en su vida. Aunque fuera en pequeña medida, esta concentración en lo manejable le otorgó un sentido de control sobre su destino y le dio fuerzas para seguir adelante.

Además, al observar que otros estaban en situaciones aún más difíciles, Pedro sintió gratitud por lo que aún conservaba. Se dio cuenta de que, a pesar de los desafíos, tenía mucho por lo que estar agradecido.

En la historia de Pedro, la gratitud se convirtió en una poderosa aliada en los momentos más desafiantes de su vida. Le recordó que, incluso en medio de la adversidad, el amor y el apoyo estaban presentes en su vida, esperando ser reconocidos y valorados.

Su conversación de aquella tarde con papá fue una gran lección de humanidad.

El ciclo de la bondad

Expresar gratitud fortalece los lazos afectivos. Cuando las personas se sienten apreciadas y valoradas, están más dispuestas a brindar apoyo y amor.

"Si no estás agradecido por lo poco, no estarás agradecido por lo mucho." Anónimo

Además, este sentimiento permite hallar propóisto en cada día, no solo en los logros extraordinarios. Podemos sentir felicidad sencillamente al apreciar las pequeñas cosas, como un atardecer hermoso, una comida casera o una conversación significativa.

LA GRATITUD ES UNA FUERZA PODEROSA QUE PUEDE IMPULSAR NUESTRO CRECIMIENTO PERSONAL DE MANERAS ASOMBROSAS.

Al cultivar una mentalidad de abundancia, conectar con las fuentes de bondad que nos rodean y desarrollar la humildad, fortalecemos nuestras relaciones y encontramos un mayor sentido y propósito en la vida.

"EL FRASCO DE LA GRATITUD"

Necesitas

- Un frasco de cristal transparente
- Papelitos de colores, plumones, stickers decorativos

Instrucciones

- Toma el frasco y decóralo con los materiales. Ponle un nombre.
- En los papelitos de colores, escribe cosas que agradeces de tu vida. Pueden ser personas, momentos, capacidades, posesiones, cualquier cosa que aprecies.
- Dobla los papele y mételos en el frasco.
- Cada noche, como rutina de gratitud, saca y lee en voz alta un papelito tomado al azar. Piensa por qué estás agradecido por eso.

ANGIE GHOSEN

BUSCA LA GRATITUD
en tu baúl de vivencias

Al reconocer y valorar las cosas buenas, por pequeñas que sean, fortalecemos nuestra resiliencia emocional y ampliamos nuestra capacidad para enfrentar desafíos.

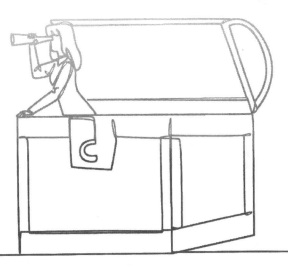

Mi terapeuta me dice "Angie, tú estudiaste Comunicación Social porque desde pequeña tuviste el rol de comunicar, debiste ser el vaso comunicante entre tus hermanos menores y tus padres". Y es cierto.

Creo que lo que vivimos, bueno o malo, cuadra con un sentido que trasciende el momento cuando lo vemos en retrospectiva y con ojos de gratitud. ¿Que Dios escribe derecho sobre líneas torcidas? Estoy convencida de ello.

"Cuando bebas agua, recuerda la fuente". Proverbio chino

Cuando tenemos una actitud agradecida, valoramos desde las circunstancias que nos hicieron crecer, hasta las cosas que nos facilitan la vida, Yo me vine a Estados Unidos y mis padres se quedaron en Venezuela… ¿cómo me comunico con ellos? A través del celular, que sirve para escribirle a mi madre y para hablar por señas con mi padre ¡gracias tecnología!

La gratitud es más que una palabra; es una práctica que puede transformar profundamente nuestras vidas. Así que, comienza desde hoy: encuentra algo por lo que agradecer y observa cómo esta sencilla práctica puede llevarte por un grato camino hacia tu crecimiento personal.

¡LA GRATITUD ES LA LLAVE PARA ABRIR LA PUERTA A UNA VIDA MÁS PLENA Y SIGNIFICATIVA!

Tienes muchos motivos para agradecer

Indagar en nuestros recuerdos para hallar motivos de agradecimiento es una práctica poderosa para cultivar la gratitud. Aquí tienes 20 motivos para estar agradecido y las razones detrás de cada uno. Añade los que tú creas:

1. **La vida:** estás vivo y tienes la oportunidad de experimentar el mundo y todo lo que tiene para ofrecer.
2. **Salud:** tener buena salud te permite disfrutar de la vida sin limitaciones físicas significativas.
3. **Familia:** ofrece amor y conexiones duraderas.
4. **Amigos:** los amigos son como la familia que eliges. Te brindan compañía, risas y amistad sincera.
5. **Educación:** te otorga oportunidades para crecer laboral e intelectualmente.
6. **Trabajo:** brinda estabilidad y sentido de propósito.
7. **Amor:** es una de las emociones más poderosas y enriquecedoras que puedes experimentar.
8. **Naturaleza:** ofrece un escape de la vida urbana y la oportunidad de conectarse con la tierra.
9. **Comida:** contar con alimentos nutritivos y sabrosos es un motivo de gratitud. No todos tienen esa suerte.

10. **Hogar:** tener un lugar para llamar hogar te brinda refugio y seguridad.

11. **Libertad:** la libertad para tomar decisiones y vivir de acuerdo con tus valores es un regalo que no todos disfrutan.

12. **Arte y cultura:** enriquecen tu vida y te permiten explorar diferentes perspectivas.

13. **Viajes:** viajar te permite explorar nuevas culturas y lugares, ampliando tu mente y tus horizontes.

14. **Tecnología:** la tecnología moderna hace que el acceso a la información sean más fáciles que nunca.

15. **Tiempo libre:** te permite relajarte, hacer cosas que disfrutas y compartir con tus seres queridos.

16. **Mentores:** quienes te han guiado y apoyado en tu vida son una razón para estar agradecido.

17. **Oportunidades:** para crecer, aprender y desarrollarte personalmente son invaluables.

18. **Creatividad:** tu capacidad para crear es un gran motivo de gratitud.

19. **Momentos especiales:** bodas, cumpleaños, etc. son recordatorios de la alegría y la celebración en la vida.

20. **La posibilidad de cambio:** la oportunidad de mejorar es un motivo constante para agrader.

Reflexionar sobre estas razones para estar agradecido puede ayudarte a apreciar más plenamente la vida y todo lo que tiene para ofrecer.

> LA GRATITUD, COMO CIERTAS FLORES, NO SE DA EN LA ALTURA Y MEJOR REVERDECE EN LA TIERRA BUENA DE LOS HUMILDES. JOSÉ MARTÍ (1853-1895) POLÍTICO Y ESCRITOR CUBANO.

Cómo agradecer, sinceramente

Infunde tu agradecimiento de corazón, significado y acciones. La gratitud sincera se transmite, más que expresarla en palabras. Te recomiendo las siguientes pautas para que tu agradecimiento suene como lo que es, sincero:

- Dilo directamente y en privado a la persona. Usa su nombre, mírala a los ojos y transmite tu aprecio con palabras sencillas pero sentidas.
- Sé específico sobre lo que esa persona hizo por ti y cómo te favoreció. Da ejemplos concretos.
- Acompaña tus palabras con expresiones de afecto acordes a la relación, como un abrazo.
- No solo digas "gracias", explícale por qué y para qué. Es decir, el significado que hay detrás del gesto.
- Crea un detalle significativo para la persona como muestra tangible de gratitud.
- Demuéstrale tu aprecio con acciones, apoyándola cuando necesite de ti, tal como ella hizo.
- Expresa tu gratitud en el momento cuando eso sea posible. No dejes pasar tiempo antes de agradecer.
- Permite que vea el efecto positivo que tuvo en ti.

La carta de Camus, monumento a la gratitud

El escritor Albert Camus (1913-1960), quien dedicó su vida a explorar el significado de la felicidad, dejó uno de los más conmovedores ejemplos de gratitud hacia su maestro.

Antes de leerla debes saber que Camus quedó huérfano de padre cuando apenas tenía dos años de edad, pues su padre murió en la II Guerra Mundial. Quedó bajo el cuidado de su madre, que era analfabeta y casi sorda, y su abuela despótica, quien no lo trataba nada bien.

Pero Dios le presentó a un ángel: el educador Louis Germain, quien lo protegió y educó. Tres décadas después, en 1957, Camus recibió el Premio Nobel de Literatura. A días de haber sido reconocido con el más alto galardón al que un escritor puede aspirar, le escribió esto a su maestro:

Queri•o señor Germain:

Esperé a que se apagara un poco el rui•o •e to•os estos •ías antes •e hablarle •e to•o corazón.

He recibi•o un honor •emasia•o gran•e, que no he busca•o ni pe•i•o. Pero cuan•o supe la noticia, pensé primero en mi ma•re y •espués en uste•.

Sin uste•, sin la mano afectuosa que ten•ió al niño pobre que era yo, sin su enseñanza no hubiese suce•i•o na•a •e esto.

No es que le dé demasiada importancia a un honor de este tipo. Pero ofrece por lo menos la oportunidad de decirle lo que usted ha sido y sigue siendo para mí, y de corroborarle que sus esfuerzos, su trabajo y el corazón generoso que usted puso en ello continúan siempre vivos en uno de sus pequeños escolares, que, pese a los años, no ha dejado de ser un alumno agradecido.

Un abrazo con todas mis fuerzas, Albert Camus.

HAZ UN MURO DE GRATITUD

Una actividad efectiva para expresar gratitud a tus compañeros de trabajo es organizar un "Muro de gratitud". Este es un proyecto colaborativo que permite al equipo expresar su aprecio mutuo de una manera visible y conmovedora.

Pasos para crear el muro de gratitud

- **Anuncia la actividad:** comunica a tu equipo que organizarás un "Muro de gratitud" para expresar aprecio mutuo y fomentar un ambiente de trabajo positivo.

- **Distribuye materiales:** pon una mesa cerca del tablón de gratitud con papel, tarjetas o notas adhesivas en blanco, marcadores, bolígrafos y cintas adhesivas.

- **Escribe tus propios agradecimientos:** comienza escribiendo tus propias notas de agradecimiento hacia tus compañeros de trabajo. Sé específico sobre lo que aprecias de cada cual y cómo contribuye al equipo.

- **Invita a tus compañeros:** anima a tus colegas a unirse a ti y escribir sus notas de agradecimiento. Pueden hacerlo en cualquier momento durante el día.

- **Pega las notas en el muro:** pongan las notas escritas en el tablón o pizarra designada de manera visible. Pueden organizarse en filas o de manera creativa.

- **Reúnanse para una sesión de agradecimiento:** organiza una reunión para que el equipo se reúna frente al muro de gratitud. En la reunión, cada cual puede leer las notas de agradecimiento recibidas y compartir sus agradecimientos a los demás.

- **Fotografía el muro:** y comparte la foto con el equipo, especialmente si no todos pueden estar en la reunión. Eso permite que todos disfruten de la expresión de gratitud.

- **Deja el muro durante un tiempo:** no retires las notas de inmediato, déjalas algún para que todos puedan disfrutar el muro.

Esta actividad promueve la gratitud en el trabajo y fortalece las relaciones del equipo, creando un ambiente colaborativo.

ANGIE GHOSEN

5
Entra en ACCIÓN

Luego de las 4 paradas anteriores, ¡llegamos a la acción! Aquí nos fijaremos metas para nuestro propósito como personas trascendentes, valiosas y únicas.

Te he traído de la mano en un vivificante y poderoso recorrido hasta aquí para que cumplas tu propósito de superación y mejora personal.

Hemos transitado ya por cuatro paradas necesarias para tomar el impulso que te lleve a abrazar el propósito de mejorar tu vida y dejar una huella positiva en el mundo.

"Cuando defines tu propósito, todo en la vida se vuelve más claro". Oprah Winfrey

Como habrás advertido, nuestro propósito como seres únicos y trascendentes se logra cumpliendo sueños en un camino que empieza en la aceptación y sigue con la fijación de metas realistas pero desafiantes.

EN ESTA ÚLTIMA PARADA, CON INFORMACIÓN Y ACTIVIDADES, ASPIRO A QUE TE PERMITAS APRECIAR CÓMO HAS CRECIDO Y EVOLUCIONADO EN TU VIDA. LA CLAVE DE TODO ES EL AUTOCONOCIMIENTO PARA SER MEJOR Y HACER MEJOR EL MUNDO.

TEST
CUÁN BIEN ENCARAS UN DESAFÍO

Este test te permitirá reconocer tu actitud ante una dificultad o desafío. Identificar tu tendencia te ayudará a reconocer áreas de mejora.

PREGUNTA	OPCIÓN A	OPCIÓN B
Cuando te enfrentas a un desafío importante:	Te sientes motivado	Te sientes ansioso
Si fallas en un intento por lograr una meta	Te frustras y desistes	Buscas alternativas
En medio de una situación muy estresante:	Buscas soluciones con calma	Te abrumas y pierdes el enfoque
Cuando otros dudan de tu capacidad para manejar un desafío	Sus dudas te desmotivan	Usas sus dudas para insistir
Si un proyecto importante falla después de mucho esfuerzo:	Te culpas a ti mismo	Aprendes y sigues adelante

RESULTADOS

La **mayoría de las respuestas de la opción a** denotan una disposición resiliente.

Si **la mayoría de tus respuestas se ubicaron en la opción b**, reflejas cierta dificultad para gestionar los desafíos. ¡Es hora de actuar para relajarte y desafiarte!

ANGIE GHOSEN

SUPERAR DESAFÍOS:
establece metas y acciones

Alcanzar metas incrementales te da un sentido de logro y refuerza tu confianza en tu capacidad para seguir avanzando hacia la superación final del desafío

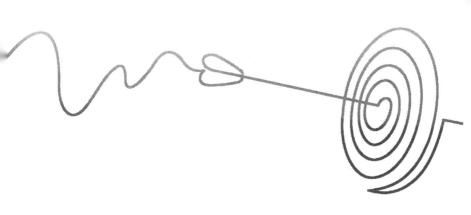

En un pequeño pueblo de Pakistán una niña llamada Malala quiso aprender en la escuela. Pero había un problema: los talibanes habían tomado el control de la región y prohibieron la educación de las niñas.

A pesar de las amenazas, Malala no se rindió. A la edad de 11 años, comenzó a escribir un blog anónimo para la *BBC* urgiendo a que las niñas tengan derecho a la educación.

Pero en octubre de 2012, mientras Malala regresaba a casa en el autobús escolar, un hombre armado subió al autobús y le disparó en la cabeza. Aunque gravemente herida, la niña de 15 años sobrevivió milagrosamente al ataque y se recuperó en un hospital en el Reino Unido.

MIENTRAS ESTABA EN EL HOSPITAL, SU HISTORIA SE CONVIRTIÓ EN UN SÍMBOLO DE RESISTENCIA Y LUCHA POR LA ESCOLARIZACIÓN DE LAS MUJERES.

A pesar de este brutal atentado, no solo no se rindió, sino que se trazó la meta todavía más ambiciosa de dar voz global a las niñas sin acceso a la educación.

En 2013 dio un conmovedor discurso ante la ONU en el que dijo: "Los terroristas pensaron que podrían cambiar mis metas y detener mis ambiciones, pero nada cambió en mi vida excepto esto: debilidad, miedo y desesperanza murieron. Fuerza, poder y valentía nacieron".

Y un año después, en 2015, la chica, ya cumplidos sus 17 años, se convertiría en la persona más joven en ganar el Premio Nobel de la Paz, por su lucha contra la opresión talibana.

¿No te inspira esta conmovedora historia? A mí me convence de que con pasión y las metas bien claras, todas podemos transformar la adversidad en una plataforma para marcar la diferencia en el mundo.

"El mundo entero se aparta cuando ve pasar a un hombre que sabe adónde va". Antoine de Saint-Exupéry (1900-1944) Escritor francés, autor de *El principito*.

Las lecciones de Malala

- **Atreverse a pensar en grande:** Malala no se limitó a metas fáciles, visualizó posibilidades audaces como dar voz global a las niñas sin educación. Nos invita a imaginar sin límites.

- **Mantener el enfoque ante la adversidad:** ni el brutal atentado que sufrió hizo que Malala perdiera de vista su meta. Su claridad de propósito le dio fuerzas para persistir.

- **Convertir desafíos en propósito:** Malala cambió la tragedia vivida en su impulso para luchar por las niñas oprimidas. Nos enseña a hallar significado en las dificultades.

- **Actuar con valentía y convicción:** la chica no se quedó en palabras, dio el paso al frente con acciones contundentes, asumiendo riesgos por su causa. Nos convoca a vivir con coraje nuestras creencias.

- **El poder de un sueño:** Malala encarna el inmenso poder transformador que puede tener una joven que fija su vista en un sueño y se compromete a convertirlo en realidad pese a cualquier obstáculo.

Por supuesto que no todos somos Malala ni nos fijamos metas tan enormes y riesgosas como la que ella se planteó. Pero sí que nos impulsa a plantearnos metas con convicción y tener la voluntad de conquistarlas.

5 pasos para solucionar

Te propongo a continuación esta guía práctica para crear un plan de acción con el cual solucionar problemas y superar desafíos:

1. **Acepta tu realidad**

- Reconoce honestamente la situación que enfrentas.

- Identifica tus fortalezas y recursos disponibles.

Ejemplo: "Acepto que perdí mi trabajo y esto supone dificultades económicas. Pero tengo energía y experiencia para buscar nuevas opciones".

2. **Define metas orientadas a soluciones**

- Establece objetivos claros, realistas y medibles para resolver la situación.
- Asegúrate de que estén bajo tu control y alineados a tus valores.

Ejemplo: "Buscar un nuevo trabajo de medio tiempo en 2 meses para disfrutar más tiempo con mi familia".

3. **Crea planes de acción**

- Detalla paso a paso las tareas de cada meta.
- Pon plazos y compromisos personales para implementarlas.

Ejemplo: semana 1: preparar CV actualizado; semana 2: postular 5 ofertas al día; semana 3: revisar LinkedIn y mi lista de contactos de valor para el trabajo que quiero.

4. **Busca apoyo y motivación**

- Identifica al menos a tres personas que te puedan apoyar. Comunícate con ellas esta semana.
- Únete a comunidades o grupos de ayuda mutua.

Ejemplo: pide retroalimentación a un amigo sobre nuevas alternativas laborales.

5. **Reconoce tu progreso**

- Valora cada paso que des, por pequeño que parezca.
- Enfócate en lo que has logrado, no solo en lo que falta.

Ejemplo: "Hoy completé un borrador de mi CV actualizado. Estoy avanzando".

Renace

MI MAPA DEL TESORO

Te presento un sencillo ritual para crear un plan de acción efectivo:

Paso 1. Dibuja en una hoja un cofre del tesoro. Dentro, escribe tu meta para superar un reto. Debe ser específica y realista.

Paso 2. Ahora dibuja las "islas" que representan cada paso hacia la meta, como revisar opciones, hacer llamadas, conseguir recursos, completar una preparación, etc.

Paso 3. Une estas islas secuencialmente con líneas para hacer un camino. Agrega debajo de cada isla la fecha límite para completar el paso. Será tu plan de acción.

Paso 4. Revisa tu mapa y comprométete a cumplirlo. Ponlo donde lo veas a diario.

Paso 5. Cuando completes cada paso, colorea su isla en el mapa para visualizar tu progreso.

Paso 6. Cuando colorees la última isla, ¡habrás llegado a tu tesoro!

Confío en que esta actividad simbólica te dará claridad y motivación para trazar tu ruta hacia el éxito con pasión.

DESCUBRE TU PROPÓSITO
con el ikigai

Mientras vamos apagando los fuegos de las adversidades que van surgiendo en el camino, y crecemos con ello, nos acercamos a lo que nos justifica como seres humanos: darle a nuestra vida un propósito.

Daniel siempre había sido indeciso, atrapado en un ciclo perpetuo de reflexión y duda. Se preguntaba sobre su propósito en la vida, un interrogante que lo llevó a postergar decisiones, compromisos y oportunidades.

"Cuando descubra mi verdadero propósito, entonces actuaré", se decía, como un mantra que lo consolaba y lo inmovilizaba al mismo tiempo.

Con el paso del tiempo, sus amigos construyeron carreras, formaron familias y viajaron por el mundo, mientras él se mantenía en su zona de confort, esperando ese destello de claridad que le diera sentido a todo.

Pero a medida que envejecía, Daniel empezó a darse cuenta de que la vida no espera; no hay una señal mágica que nos diga cuándo es el momento perfecto para actuar.

LLEGÓ A LA VEJEZ CON CIERTO PESAR, REFLEXIONANDO SOBRE LAS COSAS QUE PODRÍA HABER HECHO SI TAN SOLO HUBIERA TOMADO MÁS RIESGOS.

No obstante, también llegó a una conclusión: la importancia de tener un propósito antes de embarcarse en cualquier empresa significativa. Aunque nunca encontró el suyo, entendió que esa pieza faltante fue la que lo mantuvo en un estado de estancamiento perpetuo.

Tener un propósito claro en la vida es la brújula que nos guía a través de las decisiones grandes y pequeñas. Sin un sentido de dirección, corremos el riesgo de quedar atrapados en un ciclo de inacción y oportunidades perdidas.

De allí la importancia de encontrar ese núcleo de significado, para que nuestras acciones y planes estén alineados con lo que realmente importa para nosotros.

20 motivos para inspirarte

El propósito es más que una meta: es una búsqueda que llena de significado la vida. Hay muchos motivos en los que hallar un propósito. Te sugiero 20 para que termines tú la lista:

1. **Dejar una buena huella:** contribuir al bienestar de los demás y del mundo en general.

2. **Satisfacción personal:** sentir la alegría y el cumplimiento al lograr metas significativas.

3. **Cultivar relaciones significativas:** conectar de manera profunda con quienes me rodean.

4. **Encontrar sentido en la vida:** sentir que mi vida tiene un propósito más allá de la rutina diaria.

5. **Aprender constantemente:** buscar maneras de para expandir mis conocimientos y habilidades.

6. **Superar desafíos:** mirar los obstáculos como oportunidades para crecer y fortalecerme.

7. **Inspirar a otros:** tratar de servir de modelo a seguir para aquellos que me rodean.

8. **Experimentar la gratitud:** valorar las bendiciones y oportunidades que tengo.

9. **Vivir con autenticidad:** ser fiel a mi mismo y a mis valores personales.

10. **Dejar un legado duradero:** contribuir al bienestar de las generaciones futuras.

11. **Autorrealización:** aprovechar todo mi potencial.

12. **Sentir pasión por la vida:** despertar cada día con entusiasmo y pasión por lo que hago.

13. **Ayudar a quienes lo necesitan:** brindar apoyo a aquellos que están en dificultades.

14. **Cuidar de mi salud:** mantener un estilo de vida saludable y equilibrado.

15. **Apreciar la belleza del mundo:** descubrir la belleza en las pequeñas cosas de la vida.

16. **Fortalecer la resiliencia:** desarrollar la capacidad de recuperación ante la adversidad.

17. **Contribuir a mi comunidad:** ser un miembro activo y valioso de mi entorno.

18. **Comprometerme:** sumergirme en actividades que te apasionan.

19. **Paz interior:** buscar el equilibrio emocional.

20. **Aprovechar el tiempo:** reconocer que la vida es finita y aprovechar cada momento al máximo.

Estos motivos pueden servir como recordatorio de por qué es clave vivir con propósito y buscar un significado más profundo en la vida. Cada persona puede tener sus propias razones y motivaciones, pero todos comparten el deseo de una vida plena y significativa.

Conoce el ikigai

La búsqueda de realización personal y propósito trascendente es un anhelo tan viejo como la humanidad misma. Para eso te traigo el ikigai, una técnica basada en la filosofía japonesa que se refiere a la búsqueda y el sentido de la vida, una razón para levantarse cada mañana.

La palabra "ikigai" se compone de

- **iki:** vida
- **gai:** valor o mérito

Se traduce generalmente como "una razón para vivir" o "una razón para ser". El ikigai es un término japonés que encarna la idea de la felicidad de vivir. Trato de practicar esta filosofía desde que un mentor me ayudó, con ella, a salir de una situación depresiva para descubrir un propósito existencial profundo y liberador.

EL IKIGAI ME LLEVÓ DEL FOSO AL CIELO, ASÍ DE EFECTIVO ES, ASÍ QUE TE INVITO A ABRAZAR LOS VALORES DEL IKIGAI PARA SOLTAR LO QUE TE ANGUSTIA O ABRUMA Y REAFIRMARTE EN EL MÉRITO QUE LE DA VALOR A TU VIDA.

Y es que el ikigai se basa en la idea de que encontrar el equilibrio perfecto entre lo que amas, lo que eres bueno haciendo, lo que el mundo necesita y lo que puedes ser recompensado por ello, te lleva a una vida plena y significativa. Esta filosofía se representa típicamente en un diagrama que muestra la intersección de cuatro elementos:

El diagrama del ikigai

- **Lo que amas hacer (Pasión):** esto se refiere a tus intereses, hobbies y las actividades que disfrutas profundamente.

- **Lo que el mundo necesita (Misión):** se relaciona con las necesidades de los demás y cómo puedes contribuir al bienestar de la sociedad o de otros.

- **Te pagan por ello (Vocación):** implica cómo puedes ganar una vida cómoda y sostenible a través de lo que amas o te apasiona hacer.

- **Para qué eres bueno (Profesión):** se refiere a tus habilidades, talentos y áreas en las que te destacas.

EN PALABRAS LLANAS, EL IKIGAI ES QUE TE PAGUEN POR LO QUE AMAS HACER, MIENTRAS ERES FELIZ TÚ Y LE DAS FELICIDAD A LOS DEMÁS.

El ikigai sugiere que cuando encuentras el punto donde estos cuatro elementos convergen, experimentarás un profundo sentido de propósito y satisfacción en tu vida. Y te digo que esta filosofía no se refiere exclusivamente al trabajo que amas y que te paguen por ello.

No, va mucho más allá: Akihiro Hasegawa, un psicólogo clínico y profesor de la Universidad de Toyo Ewia, participó en un trabajo de investigación sobre el término y descubrió que los japoneses creen que la suma de las pequeñas alegrías cotidianas resulta en una vida más plena, en conjunto.

Esto quiere decir que no se queda exclusivamente en lo laboral o el éxito material. Tiene más que ver con el sentido de trascendencia que le demos a nuestro paso por este mundo, de allí que uno de los círculos, el tercero, sea más o menos ¿en qué puedo servir a los demás? ¡Ves que es una belleza!

Las ventajas de esta filosofía

- **Sentido de propósito:** identificar tu ikigai resalta un propósito claro en la vida, lo que te motiva a seguir adelante y enfrentar desafíos con determinación.

- **Mayor felicidad:** al centrarte en lo que amas y en lo que te apasiona, experimentas una mayor satisfacción y felicidad en tus actividades diarias.

- **Reducción del estrés:** al vivir de acuerdo con tu ikigai, tiendes a experimentar menos estrés y ansiedad, ya que te sientes más alineado con tu vida.

- **Mejor salud:** la búsqueda constante de tu ikigai puede promover un estilo de vida más saludable, ya que estás más dispuesto a cuidar de ti mismo física y mentalmente.

- **Mayor longevidad:** se ha observado que las personas que viven de acuerdo con su ikigai suelen tener vidas más largas y saludables. Por ello Japón es uno de los países con mayor expectativa de vida en el mundo: 87 años para las mujeres y 81 para los hombres.

- **Mayor resiliencia:** tener un propósito claro te hace más resistente ante las adversidades, ya que tienes una razón significativa para superar los obstáculos.

"En dos palabras puedo resumir cuanto he aprendido acerca de la vida: sigue adelante". Robert Frost (1874-1963) Poeta estadounidense.

Renace

PINTA TU IKIGAI

Toma papel, lápiz y crayones. Pinta cuatro círculos que se intersectan en el centro, como el diagrama de las líneas anteriores. Llena cada círculo según sea el caso:

- **Lo que amas hacer (círculo superior):** pon tus pasiones, intereses y actividades que te llenan de alegría y entusiasmo.

- **Lo que el mundo necesita (círculo derecho):** escribe cómo puedes ayudar a los demás y marcar una diferencia. Para lo que eres bueno (círculo izquierdo): escribe las cosas en las que te sientes competente.

- **Te pagan por ello (círculo inferior):** piensa en cómo puedes ser recompensado por tu trabajo. Esto incluye aspectos financieros y reconocimiento social.

- **Para qué eres bueno (círculo izquierdo):** describe tus habilidades profesionales específicas, o por qué destacas.

- **En el centro,** donde se superponen los 4 círculos, hallarás tu ikigai: es el punto en donde convergen tu pasión, tu misión, tu vocación y tu profesión. Aquí es donde sientes un propósito y, en fin, un profundo sentido en la vida.

SIN PASIÓN
no hay propósito

La pasión es el motor que impulsa tu vida. Cuando haces lo que amas y te apasiona, te sientes más vivo, motivado y energizado para hacer planes y tomar acción.

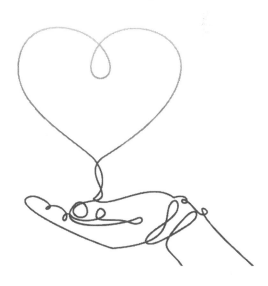

Nelson Mandela, joven abogado en Sudáfrica, sintió desde temprano pasión inquebrantable por la justicia y la igualdad. Esta pasión lo llevó a convertirse en el líder de la lucha contra el apartheid, el opresivo sistema de segregación racial que asolaba su país.

Con cada discurso apasionado, cada protesta organizada y cada acto de desobediencia civil, Mandela se convertía en más que un simple activista; se transformaba en un símbolo viviente de resistencia contra la injusticia.

SIN EMBARGO, SU APASIONADA LUCHA TUVO UN PRECIO. EN 1962 FUE ARRESTADO Y CONDENADO A CADENA PERPETUA POR SABOTAJE Y OTROS DELITOS.

Durante sus 27 años en prisión, Mandela se negó a renunciar a sus ideales. Su pasión no se apagó detrás de las rejas; al contrario, se convirtió en un faro de esperanza y resistencia que inspiró e inspira a generaciones dentro y fuera de Sudáfrica.

Finalmente, en 1990, Mandela fue liberado. Su pasión y liderazgo continuaron intactos, llevándolo a ser elegido como el primer presidente negro de Sudáfrica en 1994. Había enfrentado al sistema opresivo con una fuerza interior indomable y había ganado. No solo se había liberado a sí mismo; su pasión y perseverancia habían contribuido a liberar a todo un país.

10 preguntas clave para descubrir tu pasión

Te planteo 10 preguntas clave para descubrir tu pasión. Eso sí, debes tomarte tu tiempo para responderlas de manera completamente honesta contigo mismo. De lo contrario, no tendrá el efecto orientador del ejercicio:

1. ¿Qué te hace sentir vivo?

Reflexiona sobre las actividades o experiencias que te han hecho sentir emocionado y motivado en el pasado. Estos momentos suelen estar vinculados a tus pasiones.

2. ¿Qué temas te fascinan?

Piensa en los temas que te interesan de manera natural, aquellos sobre los que disfrutas aprender y hablar incluso fuera de tu trabajo o estudios.

3. ¿Cuáles son tus valores y principios?

Identifica tus valores, esos principios que son realmente importantes para ti. Las pasiones suelen estar alineadas con nuestros valores.

4. ¿Con qué tareas pierdes la noción del tiempo?

Observa las tareas en las que te sumerges tanto que olvidas el tiempo. Ellas revelan tu compromiso y pasión.

5. ¿Qué cambiarías en el mundo si pudieras?

Imagina que tienes el poder de cambiar algo en el mundo. ¿Qué problema o desafío te gustaría abordar? Tu deseo de hacer un cambio apunta a tu pasión.

6. ¿Qué te inspira en otras personas?

Piensa en quienes admiras y las cualidades que te inspiran en ellos. Estas inspiraciones revelan tus propias pasiones.

7. ¿Cómo te gustaría ser recordado?

Visualiza qué influencia te gustaría dejar en la vida de los demás?

8. ¿Qué actividades te llenan de energía?

Piensa en las actividades que te dan una sensación de fluidez y energía, donde te sientes en tu mejor momento.

9. ¿Qué te impulsa a superar obstáculos?

Observa las áreas en las que estás dispuesto a enfrentar desafíos y obstáculos con determinación y paciencia. Estos pueden ser indicativos de tu pasión.

10. ¿Qué te emociona hacer en el futuro?

Piensa en tu futuro y las actividades que te emocionan cuando las contemplas. ¿Qué te gustaría hacer en los próximos años?

Tómate el tiempo necesario para reflexionar sobre estas preguntas y considerar tus respuestas. A medida que profundices en estas reflexiones, es probable que identifiques patrones y áreas de interés que te ayuden a descubrir tu pasión.

Para hallar tu pasión y dejar tu huella

Tu pasión te llevará a encarar desafíos con decisión, impulsándote a seguir adelante incluso cuando las cosas se ponen difíciles. En el camino a la realización personal, te propongo las siguientes paradas:

Parada 1: encuentra tu pasión

El primer paso para dejar un impacto positivo en el mundo es descubrir lo que realmente te apasiona. Tómate un tiempo para reflexionar sobre tus intereses, lo que te hace sentir entusiasmado y las actividades que podrías hacer durante horas sin cansarte.

Tu pasión puede estar en cualquier área de tu vida, ya sea en tu trabajo, tus pasatiempos, o en el voluntariado. Una vez que descubras tu pasión, intégrala en tu vida diaria y busca oportunidades para cultivarla y nutrirla.

Parada 2: encuentra tu singularidad

Identifica qué te hace diferente y cómo puedes utilizar esas diferencias para crear un impacto positivo en los demás. Pregúntate: ¿Qué habilidades o talentos únicos poseo? ¿Cómo puedo utilizarlos para ayudar a otros o mejorar la vida de las personas?

Una vez que encuentres esa singularidad, trabaja en desarrollarla y aplicarla de manera que sea beneficiosa para ti y para quienes te rodean.

Parada 3: comprométete con el impacto positivo que deseas dejar

Tu pasión y tu capacidad de diferenciarte adquieren su máximo valor cuando los utilizas para hacer el bien en el mundo. Comprométete a utilizar tus talentos y pasiones para contribuir de manera positiva en tu comunidad, en una causa benéfica global (sí, ahora no hay fronteras que nos excusen), en tu trabajo o en cualquier otro ámbito que sea relevante para ti.

No subestimes el poder que, como persona única e irrepetible, tienes para inspirar y ayudar a otros a través de tu singularidad y pasión.

"No es hasta que nos damos cuenta de que significamos algo para los demás que no sentimos que hay un objetivo o propósito en nuestra existencia". Stefan Zweig, escritor austriaco.

Renace

LAS PISTAS DE LA PASIÓN

Las respuestas de este ejercicio te darán las pistas de lo que es tu pasión y, por ello, a descubrir tu propósito trascendente:

Materiales: papel y lápiz, honestidad.

Preguntas

- ¿Qué tarea te emociona y energiza cuando la realizas?
- En tu tiempo libre, ¿en qué tipo de actividades te sumerges sin darte cuenta?
- Si tuvieras que hablar sobre algo durante horas sin aburrirte, ¿sobre qué tema sería?
- ¿Qué tipo de documentales o programas de TV prefieres ver en tu tiempo libre?
- Piensa en tus logros más satisfactorios: ¿qué actividad está relacionada con ellos?
- En un día libre de responsabilidades, ¿cómo elegirías pasar ese día?
- ¿Qué te gustaría lograr o hacer en la vida si el dinero no fuera una preocupación?
- ¿Qué te dicen tus amigos o familiares que eres bueno haciendo?

Eso que nos hace
ÚNICOS

En un mundo lleno de imitadores, ser auténtico y seguir tu propio camino te distingue. Tu propósito es único para ti, y es lo que te diferencia de los demás.

Ludwig van Beethoven era un tipo fuera de serie, incluso entre los músicos talentosos de su época. Tenía una chispa, una pasión por la música que lo distinguía desde muy joven. Pero lo que realmente lo hizo único fue algo que muchos considerarían una tragedia: empezó a perder la audición.

Piensa en eso, un compositor quedándose sordo. Podría haber sido el fin de su carrera, pero, para Beethoven, fue un nuevo comienzo. No se rindió, en cambio decidió enfrentar la adversidad de frente.

Empezó a confiar más en su "oído interior", esa voz que todos tenemos dentro pero que muy pocos escuchan. Si no podía oír las notas en el mundo exterior, las escucharía en su mente. A medida que su audición disminuía, sus composiciones se volvían más ricas, más profundas, como si quisiera llenar con su música el silencio que lo rodeaba.

Y aquí está lo verdaderamente asombroso: muchas de sus obras más famosas, como la *Novena Sinfonía* o la *Sonata para piano n.º 29*, conocida como "Hammerklavier", las compuso mientras estaba prácticamente sordo.

Estas piezas son consideradas joyas no solo de su época, sino de toda la historia de la música. No suenan como nada que se haya hecho antes o después; son puramente Beethoven, el fruto de su singularidad y su capacidad para convertir su adversidad en creatividad.

A PESAR DE HABER QUEDADO SORDO, CON SU GENIO CREATIVO Y SU PASIÓN POR LA MÚSICA TRASCENDIÓ SU TIEMPO.

Ese rasgo único, su capacidad para escuchar la música incluso cuando el mundo se había silenciado, lo convirtió en uno de los más grandes compositores de la historia.

Así que la próxima vez que escuches una de sus sinfonías y sientas esos escalofríos que solo la buena música provoca, recuerda que esa emoción proviene de alguien que sabía que ser "diferente" no es una debilidad, sino una fortaleza.

"No me dejaré abatir por las circunstancias adversas, por formidables que parezcan en este momento, la perseverancia todo lo supera". Beethoven

Diferénciate con tus talentos

Diferenciarte con tus talentos es esencial para destacar en lo que haces y dejar una huella positiva en tu entorno, hacer que tu vida valga la pena, como en el ikigai. Y no hay limitaciones o adversidades que valgan, como lo han demostrado mis padres y las otras historias que te he contado a lo largo de estas páginas.

NO TIENES EXCUSAS PARA ALZARTE COMO EL SER IRREPETIBLE QUE ERES.

La diferenciación no significa necesariamente hacer algo completamente nuevo, sino hacerlo de una manera única y especial que refleje tus talentos, tu personalidad, tu sensibilidad y valores. ¡Confía en ti mismo y en lo que puedes aportar al mundo! A continuación te planteo cómo marcar la diferencia:

Claves para marcar la diferencia

1. **Autoconocimiento.** Comienza por identificar tus talentos y habilidades naturales. Haz una lista de lo que se te da bien y lo que disfrutas hacer.

2. **Busca tu nicho.** Investiga un área o industria en la que tus talentos sean valiosos y necesarios. Esto te permitirá destacar de manera más efectiva.

3. **Desarrolla tus talentos.** Invierte tiempo en mejorar tus habilidades y talentos. La práctica constante te hará sobresalir en lo que haces.

4. **Define tu propuesta única de valor.** ¿Qué te hace diferente de los demás? Define claramente qué te distingue y cómo puedes aportar algo único.

5. **Sé auténtico.** No trates de imitar a otros. Enfócate en mostrar tu personalidad en lo que haces.

6. **Aprende continuamente.** Mantente al tanto de las tendencias y avances en tu campo. El conocimiento actualizado es un punto de diferencia importante.

7. **Comparte tu conocimiento.** Sea a través de charlas, blogs, redes sociales u otros medios, compartir tu conocimiento te ayudará a establecerte como experto en tu área.

8. **Haz networking.** Conecta con otras personas en tu industria y colabora en proyectos. El networking abre puertas y brinda oportunidades únicas.

9. **Trabaja en tu marca personal.** Cuida tu imagen en línea y fuera de ella. Tu marca personal es cómo te perciben los demás y puede marcar la diferencia.

10. **Sé perseverante.** Diferenciarse lleva su tiempo y esfuerzo. No te desanimes por los obstáculos y sigue trabajando en tus talentos.

11. **Pide retroalimentación.** Solicita comentarios a colegas, amigos o mentores sobre cómo puedes mejorar y diferenciarte aún más.

12. **Mantén una mentalidad de crecimiento.** Cree en tu capacidad para aprender y crecer. Una mentalidad de crecimiento te permite abrazar desafíos y oportunidades.

Abraza un MÉTODO

Al crear un método, trazamos una dirección clara a nuestras metas. No improvisamos la vida.

Un plan de acción nos facilita poner en negro sobre blanco nuestras metas para cumplirlas en un tiempo determinado. Es la manera de no improvisar ante lo que verdaderamente nos importa. Y para ello debes tener método. En este punto te hablaré de los que más me han convencido.

Las consecuencias de improvisar

¿Por qué es vital tener un método? Porque son evidentes las consecuencias e inconvenientes de la improvisación en nuestra vida cotidiana y, sobre todo, ante una adversidad o problema:

- Falta de dirección: improvisar constantemente puede hacer que perdamos el enfoque o nos desviemos del objetivo principal. Es como caminar sin brújula.

- Menor eficiencia: sin planificación es probable que inviertas energía en acciones que no te acercan efectivamente a donde quieres llegar. Se pierde tiempo y esfuerzo.

- Mayor incertidumbre: al no tener claro los pasos a seguir y cómo medir el progreso, es fácil generar dudas e inseguridad sobre si vas por buen camino.

- Dificultad para perseverar: sin hitos y metas intermedias definidas, es más probable rendirse ante obstáculos. La improvisación constante nos agota.

- Carencia de preparación: abordar desafíos complejos sin planeación previa suele llevar a cometer errores o no tener los recursos necesarios en el momento indicado.

- Aprendizaje limitado: cuando improvisamos es más difícil evaluar qué funcionó, qué no y cómo mejorar para el futuro basado en la experiencia.

Por supuesto, siempre habrá algo de improvisación en cualquier proceso. Pero encontrar el balance con la planificación y estrategia nos ayuda a maximizar las probabilidades de éxito.

La siguiente nos ilustra más claramente las diferencias entre crear un plan de acción o no:

ASPECTO	PLAN DE ACCIÓN	SIN MÉTODO
OBJETIVOS	Objetivos específicos y bien definidos.	Falta de claridad en los objetivos.
PROGRESO	Se puede medir el progreso y el éxito.	Dificultad para medir el progreso.
MOTIVACIÓN Y ENFOQUE	Mayor motivación y enfoque en las metas.	Falta de motivación y enfoque.

TOMA DE DECISIONES	Facilita la toma de decisiones.	Decisiones menos informadas.
CONCRECIÓN	Mayor probabilidad de éxito.	Menos probabilidad de éxito.
GESTIÓN DEL TIEMPO	Ayuda en la gestión del tiempo.	Pérdida de tiempo en tareas no relacionadas.
VALORES PERSONALES	Alineación con valores y metas personales.	Falta de alineación con valores.
SENSACIÓN DE LOGRO	Sentimiento de logro al alcanzar objetivos.	Falta de sensación de logro.
MANEJO DEL ESTRÉS	Menos estrés debido a un plan claro.	Más estrés, incertidumbre

A propósito de ser metódicos, te comparto una cita que me encanta, del estadista y científico Benjamin Franklin, y uno de los padres fundadores de los Estados Unidos:

"La felicidad usualmente no se logra con grandes golpes de suerte, que pueden ocurrir pocas veces, sino con pequeñas cosas que ocurren todos los días". Benjamin Franklin (1706-1790)

Métodos eficaces para fijar metas

Seguir una guía o método estructurado maximiza nuestras probabilidades de ejecutar exitosamente un plan de acción para concretar cualquier meta personal o profesional que nos propongamos.

Yo he probado tres: el CLEAR, el SMART y el WOOP, incluso en ocasiones los combino para sacar de cada uno de ellos lo que mejor refleje lo que quiero, en un ejercicio más completo y eficaz.

> CADA MÉTODO TIENE SUS PROPIAS VENTAJAS Y ENFOQUES, PERO TODOS SON EXTRAORDINARIAS HERRAMIENTAS PORQUE NOS BRINDAN UN MARCO PARA ENFOCARNOS EN METAS EFECTIVAS.

Ahora quiero explicarte a detalle cada uno de estos métodos, para que tengas el poder de elegir el que más se adecue a tus necesidades.

SMART, un aliado "inteligente"

El método SMART, es una reconocida herramienta de planificación que te servirá para definir tus objetivos de manera clara y efectiva. A mí me ha servido sobre todo para darme foco cuando me siento abrumada y dispersa por un situación.

SMART es un acrónimo en inglés que representa cinco características esenciales de tus objetivos:

S – Específico (Specific)

M – Medible (Measurable)

A – Alcanzable (Achievable)

R – Relevante (Relevant)

T – Con Tiempo (Time-bound)

Paso 1: tu meta debe ser específica (Specific)

Si, por ejemplo, necesitas mejorar tus habilidades de comunicación para conseguir un mejor trabajo o desenvolverte mejor en el actual. En vez de un objetivo vago como "mejorar la comunicación", sé específico: "Tomar un curso de oratoria para mejorar mi capacidad de hablar en público".

Paso 2: debe ser medible (Measurable)

Debes establecer un sistema de seguimiento para medir tu progreso. ¿Cómo sabrás cuándo has alcanzado tu objetivo? Veamos:

Si tu objetivo es perder peso, no te conformes con "perder algunos kilos". Establece un objetivo medible como me propondré a perder 5 kilos en los próximos 3 meses.

Paso 3: que sea alcanzable (Achievable)

Evalúa tus recursos, habilidades y limitaciones. ¿Es realista tu objetivo dados tus recursos actuales?

Si sueñas con liderar una gran tecnológica, pero no tienes los conocimientos necesarios ni la experiencia, esto es poco realista. En su lugar, establece un objetivo más alcanzable relacionado con la tecnología, como formarte tecnología y liderazgo.

Paso 4: que sea relevante (Relevant)

¿Tu objetivo está alineado con tus valores y metas personales? Asegúrate de que sea relevante para ti.

Si te sientes estancado profesionalmente, ponte la meta de ascender en tu carrera estableciendo objetivos relacionados con tus habilidades y ambiciones profesionales, no con algo que no te importe.

Paso 5: Con tiempo (Time-bound)

Establece un plazo para tu objetivo. Esto te ayuda a mantenerte enfocado y a medir tu progreso de manera efectiva.

Si quieres salir de una deuda que te agobia, en lugar de decirte "Algún día la pagaré", establece un plazo: "pagaré ese crédito en los próximos 12 meses".

APLICA EL MÉTODO SMART A UN DESAFÍO COTIDIANO

Para aterrizar con esta herramienta, aplícala a un anhelo o propósito pendiente.

- **Desafío:** conseguir un mejor empleo, veamos cómo lo aplicamos:

- **Específico (Specific):** quiero encontrar un empleo que ofrezca un salario más alto y mejores beneficios para mejorar mis finanzas personales y proporcionar estabilidad financiera a mi familia.

- **Medible (Measurable):** mediré mi progreso al enviar al menos 5 solicitudes de empleo de calidad por semana, asistir a al menos 3 entrevistas al mes y mantener un registro de las ofertas de trabajo y las respuestas recibidas.

- **Alcanzable (Achievable):** estoy dispuesto a mejorar mis habilidades y calificaciones mediante cursos de capacitación relevantes y me comprometo a buscar oportunidades de empleo que se ajusten a mi experiencia y conjunto de habilidades actual.

- **Relevante (Relevant):** este objetivo es relevante para mi situación actual, ya que necesito mejorar mis ingresos y brindar una mejor calidad de vida a mi familia.

- **Tiempo (Time-bound):** mi objetivo es conseguir un mejor empleo dentro de los próximos 6 meses, lo que me permitirá tomar medidas concretas y mantenerme enfocado en mi búsqueda.

Como ves, este objetivo SMART es específico, medible, alcanzable, relevante y tiene un plazo definido. Proporciona una dirección clara para evitar que te disperses y conseguir tu objetivo, sea cual sea.

CLEAR, motivación y enfoque en tus metas

El Método CLEAR es como un faro que ilumina tu camino hacia la superación de desafíos. Es un enfoque claro, simple y efectivo para definir tus objetivos y enfrentar las dificultades con determinación. Las letras de CLEAR representan cinco elementos clave:

C – Claridad (Clarity)

L – Límite de Tiempo (Limit of Time)

E – Entorno (Environment)

A – Acción (Action)

R – Resultados (Results)

Paso 1: Claridad (Clarity)

Piensa en que te enfrentas al desafío de reducir tus niveles de estrés en el trabajo. En lugar de un objetivo vago como "reducir el estrés", este método te ayuda a ser más específico: "Identificar las principales fuentes de estrés en mi trabajo y desarrollar estrategias para manejarlas".

Paso 2: Límite de tiempo (Limit of Time)

Establece un plazo realista para superar el desafío. ¿Cuándo esperas ver mejoras? Esto te dará un sentido de urgencia y te motivará a tomar medidas.

Si tu desafío es reducir una deuda, en lugar de decir "Algún día la pagaré", establece un objetivo con un plazo claro, como "pagaré mi deuda de $3000 en los próximos 10 meses, con abonos mensuales de $300".

Paso 3: Entorno (Environment)

Evalúa tu entorno actual y cómo puede afectar tu capacidad para superar el desafío. ¿Qué recursos o apoyos tienes a tu disposición? Si, por ejemplo, estás lidiando con problemas emocionales, considera cómo tu entorno de trabajo y tus relaciones personales pueden influir en tu bienestar emocional. Asegúrate de tener un entorno que fomente tu bienestar.

Paso 4: Acción (Action)

Define las acciones específicas que tomarás para superar el desafío. Establece un plan de acción claro y detallado. ¿Qué pasos debes seguir? Si tu desafío es mejorar tus habilidades de gestión del tiempo, no te conformes con decir "Necesito mejorar la gestión del tiempo". En su lugar, establece acciones concretas como "crearé un horario diario detallado y utilizaré aplicaciones de gestión del tiempo para aumentar mi productividad".

Paso 5: Resultados (Results)

Visualiza y define claramente los resultados que esperas obtener al superar el desafío. ¿Cómo será tu vida una vez que hayas alcanzado tu objetivo? Si tu desafío es mejorar tus habilidades de comunicación, visualiza resultados como "me sentiré más seguro al hablar en público" o "mejoraré la relación con mi jefe si logro comunicarme de manera efectiva".

APLICAR EL MÉTODO CLEAR A UN DESAFÍO

Aplica el método CLEAR a una meta o problema que debas solucionar. Sustituye este ejemplo por tu propio reto:

- **Desafío: Reducir el estrés en el trabajo**

Paso 1: Claridad (Clarity)

Identificar las fuentes de estrés en mi trabajo y crear estrategias para manejarlas.

Paso 2: Límite de tiempo (Limit of Time)

Identificaré las principales fuentes de estrés en mi trabajo en los próximos 3 meses.

Paso 3: Entorno (Environment)

Evaluaré cómo mi entorno de trabajo me estresa y tomaré medidas para crear un ambiente propicio para reducir el estrés.

Paso 4: Acción (Action)

Crearé un horario de trabajo equilibrado, aprenderé técnicas de manejo del estrés y buscaré a un terapeuta si es necesario.

Paso 5: Resultados (Results)

Cuando reduzca el estrés en el trabajo, espero serenarme, ser más productivo y tener una mejor calidad de vida.

WOOP, prepararse para los obstáculos

El método WOOP es una técnica de psicología positiva desarrollada por la psicóloga alemana Gabriele Oettingen. WOOP significa "Wish, Outcome, Obstacle, Plan" (Deseo, Resultado, Obstáculo, Plan) y se emplea para establecer metas y crear planes de acción para superar desafíos cotidianos de manera realista y efectiva.

A continuación, te explico cómo funciona el método WOOP y te proporciono ejemplos de cómo aplicarlo:

1. **Deseo (Wish):** en esta etapa, identifica claramente lo que deseas lograr. Este debe ser un deseo realista y específico. Asegúrate de que sea algo por lo que estés dispuesto a trabajar para conseguirlo. Aquí es clave ser lo más específico posible, por ejemplo "Deseo mejorar mi condición física y estar en mejor forma".

2. **Resultado (Outcome):** en esta fase, imagina la meta deseada de manera vívida y emocional. Visualiza cómo sería lograrla y cómo te sentirías al alcanzarlo. Conecta con el resultado para motivarte.

   En este caso podemos decir "Si mejoro mi condición física, me sentiré enérgica, saludable y con más confianza en mí. Visualizo cómo me siento en mi cuerpo ideal".

3. **Obstáculo (Obstacle):** aquí identificas los obstáculos internos que dificultan la consecución de tu deseo. Son pensamientos, emociones o hábitos negativos que podrían interponerse en tu camino. Identificar estos obstáculos es clave para superarlos.

4. **Plan (Plan):** en esta etapa, desarrollas un plan de acción específico para superar los obstáculos y alcanzar tu deseo. Debes ser detallado y realista en tu enfoque. Establece pasos concretos y prácticos que puedas seguir.

Siguiendo el ejemplo: para superar la falta de tiempo, estableceré un horario de ejercicios en el que comprometería 30 minutos tres veces a la semana. Para lidiar con la procrastinación, me inscribiré en una clase de fitness y buscaré un compañero de entrenamiento para motivarme.

APLICA EL MÉTODO WOOP

Piensa en una meta para aplicar este método. Te daré un ejemplo para que lo sustituyas por el propio:

- **Deseo (Wish):** deseo mejorar mis habilidades de organización en el trabajo para ser más productivo.

- **Resultado (Outcome):** visualizo que, al organizarme mejor, podré ser más productivo y reduciré las fallas al mínimo.

- **Obstáculo (Obstacle):** el obstáculo principal podría ser la tendencia a posponer las tareas o distraerme con facilidad en el trabajo.

- **Plan (Plan):** Para superar el obstáculo de la procrastinación y la distracción, estableceré un plan de acción específico:

1. Crearé una lista de tareas claras y prioritarias que necesito completar.

2. Usaré la técnica de Pomodoro, trabajando en intervalos de 25 minutos seguidos de un breve descanso. Esto me ayudará a mantener la concentración.

3. Eliminar distracciones apagando las notificaciones innecesarias en mi computadora y teléfono mientras trabajo en las tareas.

4. Al completar una tarea importante, me daré una pequeña recompensa, como un breve descanso o un pequeño snack.

5. Al final del día, revisaré mi lista de tareas y evaluaré qué funcionó y qué no. Ajustaré mi enfoque en consecuencia.

Veamos estos tres métodos en una tabla comparativa para visualizar las diferencias y puedas elegir el que mejor responda a tus necesidades:

MÉTODO	SMART	WOOP	CLEAR
SIGNIFICADO	Específico, Medible, Alcanzable, Relevante, Temporal.	Deseo, Resultado, Obstáculo, Plan.	Claridad, Límite de tiempo, Entorno, Acción, Resultados
ENFOQUE	Establece metas detalladas y concretas.	Enfocado en el resultado y superar.	Incorpora emoción y aprecio en las metas.
PRINCIPIOS CLAVE	Claridad, enfoque.	Mentalidad positiva, resiliencia.	Conexión emocional, Valoración
VENTAJAS	Facilita monitorear y evaluar.	Facilita la adaptación	Fomenta la gratitud y el apoyo.
LIMITES	Puede ser demasiado rígido.	Menos estructura que SMART.	Menos enfocado en la medición precisa.

ANGIE GHOSEN

LA TENACIDAD,
el arte de no rendirse

Cuando te propongas una gran meta, seguro habrá obstáculos en el trayecto que intentarán tumbarte. La tenacidad será el músculo para levantarte y seguir peleando.

Sé que hay muchas personas famosas por su coraje y tenacidad, pero te confieso que mi padre es mi mayor ejemplo de perseverancia. Para mí encarna los valores de la constancia, de la responsabilidad consigo mismo, con su familia y con los demás.

Mi padre comenzó con una modesta carpintería que instaló en la planta baja de la casa de mi abuela. Pronto le quedó pequeña, pues con su excelente trabajo pronto llegó un momento en que no se daba abasto para responder a las necesidades de su creciente y exigente clientela.

Así que contrató empleados. Inicialmente le dio trabajo a carpinteros que escuchaban… pero que no estaban muy dispuestos a aprender y aspirar a la perfección que él perseguía.

Llegó el día en que dijo "no más", y empezó a contratar a muchachos sordos. Recuerdo que había dos que estaban con él para todo, haciendo el mejor trabajo posible. Tal vez por compartir su misma condición se compenetraron más. El resultado es un trabajo por el que la gente está dispuesta a pagar lo que pida. ¡Fabrica unas cocinas exquisitas!

QUIENES PIERDEN UN SENTIDO AFINAN OTROS HASTA ALCANZAR LO MAGNÍFICO. NO ES QUE SEAN SUPERHÉROES, SOLO QUE SE ENFOCAN EN LO QUE LES GUSTA CON TAL PERSEVERANCIA QUE SE SOBREPONEN A SU LIMITACIÓN.

Él, por ejemplo, toma muy en cuenta la arquitectura para elaborar sus bocetos y diseños de carpintería. Mi mamá lo ayuda a cerrar contratos porque obviamente él no puede sostener una conversación fluida con los clientes al explicarles lo que es mejor para ellos y entender lo que quieren.

Pero más puede su tenacidad en el buen trabajo. Él, sus empleados sordos y mi mamá integraron un equipo, que si lo vemos desde nuestra condición de oyentes, logra la perfección en medio del silencio.

Como bien dijo el matemático y escritor británico Lewis Carroll: "puedes llegar a cualquier parte, siempre que andes lo suficiente".

Inquebrantable

Las personas con condiciones especiales suelen ser tenaces y defensoras de sí mismas en diferentes entornos, como la escuela, el trabajo o la sociedad en general.

Están obligadas a duplicar su esfuerzo para superar sus limitaciones y desarrollar todo su potencial, lo que requiere de un gran sentido de resistencia, constancia y, sobre todo, de creer en sí mismas.

Descubrir tu propósito es un primer paso. El auténtico desafío es perseverar en tu propósito con la tenacidad de los condenados, esa determinación inquebrantable de seguir adelante, sin importar cuán difícil sea el camino.

No hay duda de que habrá obstáculos en tu camino. Habrá momentos de duda, de miedo y de fracaso. Pero aquí es donde la tenacidad entra en juego. Con cada desafío que superas, te haces más fuerte. Con cada fracaso, aprendes una lección valiosa. Y con cada duda que vences, tu fe en tu propósito solo se fortalece.

EL PROCESO DE DEFENSA PROPIA, QUE PUEDE IMPLICAR LA EDUCACIÓN DE OTROS SOBRE LAS NECESIDADES DE LAS PERSONAS CON DISCAPACIDAD ES UN EJERCICIO DE INCLUSIÓN Y TENACIDAD.

Paso a paso

Necesitarás de mucha constancia para darle vida a un sueño, avanzando con pequeñas acciones cada día, paso a paso. Tu tenacidad es la que te dará ese poder de persistir en el tiempo. ¡Y no creas que llegarás rápido a la cima! Eso solo pasa en las películas y en las series de televisión. En la vida real toca escalar poco a poco, celebrando cada pequeña victoria en el ascenso.

¿Que te vas a caer? eso es inevitable. Pero será tu tenacidad la que te hará más resiliente para pararte de nuevo. Y también te dará la flexibilidad para cambiar de estrategia cuando haga falta.

Renace

EL DESAFÍO DE LAS 30 METAS

Ten a mano un cuaderno y lapicero o una aplicación para tomar notas, un calendario o una lista de seguimiento.

1. **Definición de metas:** piensa en 30 metas pequeñas que te gustaría lograr en los próximos 30 días. Deben ser realistas y específicas de diversas áreas de tu vida, como salud, trabajo, relaciones, ocio, etc.

2. **Registro diario:** Cada día, anota en tu cuaderno o aplicación si has logrado la meta del día. Si no la alcanzaste, anota por qué y si planeas retomarla al día siguiente.

3. **Aprende de los desafíos:** si no logras una meta en particular, piensa en lo que sucedió y cómo podrías abordarlo de manera diferente. La idea es aprender de los desafíos y seguir adelante.

4. **Mantén el seguimiento:** usa una lista de seguimiento para visualizar tu progreso. Ver tu éxito acumulativo te motivará a continuar.

5. **Persistencia:** a medida que avances, es posible que enfrentes días en los que la tenacidad sea crucial para mantener el impulso. Recuerda por qué iniciaste este desafío y mantén tu enfoque en las metas

RENACE
en un capítulo

Aquí tienes la esencia del libro y de mi método RENACE. Descubre cómo este enfoque transformador te ayudará a ir de la aceptación a la acción, desbloqueando tu potencial para superar desafíos.

1. Recibe la aceptación

La vida es una serie de desafíos y oportunidades que nos ofrecen la posibilidad de crecer, aprender y evolucionar como seres humanos. Sin embargo, enfrentar estos desafíos es difícil, especialmente si nuestros instintos nos llevan a negar, resistir o distorsionar la realidad de la situación.

Pero, ¿qué significa realmente "aceptar" un desafío? Cuando nos enfrentamos a un problema, es natural querer evitarlo o negarlo. Podemos pensar que si ignoramos el problema, de alguna manera desaparecerá. Sin embargo, esta negación solo sirve para prolongar nuestro sufrimiento. En lugar de buscar soluciones, desperdiciamos tiempo y energía en evitar lo inevitable.

Una vez que aceptamos nuestra realidad, algo mágico sucede: ganamos claridad mental. Ya no estamos atrapados en un ciclo de negación y resistencia, lo que nos permite centrarnos en encontrar soluciones.

La conciencia es el primer paso para cambiar cualquier situación. Cuando somos conscientes de lo que está sucediendo, podemos tomar medidas para abordar el problema de manera efectiva.

Es fácil ver los desafíos como como piedras en el camino. Pero, ¿y si cambiamos nuestra perspectiva? ¿Y si viéramos los desafíos como oportunidades para crecer? Cuando aceptamos un desafío como parte de la vida, cambiamos nuestra relación con él. Ya no es un enemigo a evitar, sino un maestro que puede enseñarnos algo valioso.

Una de las mayores ventajas de la aceptación es que nos libera de la lucha constante contra la realidad. Cuanto más resistimos algo, más persiste. Al aceptar la situación tal como es, encontramos una especie de paz mental que nos permite enfrentar el problema con un estado mental claro y enfocado.

- **Practica la atención plena.** Detente y observa tus pensamientos y emociones sin juzgarlas. Esto te ayudará a ser más consciente de tu realidad.
- **Haz un inventario de realidad.** Describe la situación como es, sin embellecimientos ni negaciones. Leerlo te ayudará a aceptarlo más fácilmente.
- **Consulta a otros.** A veces, hablar con amigos o seres queridos puede ofrecer una perspectiva fresca y ayudarnos a aceptar lo que no podemos cambiar.
- **Toma medidas pequeñas pero significativas.** Una vez que hayas aceptado la situación, piensa en pequeños pasos que puedas tomar para comenzar a resolver el problema. La acción es la confirmación final de la aceptación.

2. Neutraliza los pensamientos negativos

Después de la aceptación, el siguiente paso para superar los desafíos es neutralizar los pensamientos negativos. Pero, ¿por qué los pensamientos negativos son un problema? ¿Cómo nos afectan?

Los pensamientos negativos tienen un impacto significativo en cómo abordamos los desafíos. La autocrítica, la duda y el miedo al fracaso son formas comunes de pensamientos negativos que pueden sabotear nuestras mejores intenciones y esfuerzos.

Pueden hacer que una tarea manejable parezca insuperable o transformar un pequeño contratiempo en una crisis monumental.

- **Identifica el pensamiento negativo.** El primer paso es reconocer cuando estás teniendo un pensamiento negativo. Puede ser útil llevar un diario para rastrear estos pensamientos.

- **Desafía el pensamiento.** Pregúntate a ti mismo si el pensamiento es cierto, útil o necesario. Si no lo es, es un candidato para ser neutralizado.

- **Reemplaza con pensamientos positivos.** Una vez identificado un pensamiento negativo, busca una forma de reemplazarlo con algo más constructivo.

- **Habla contigo mismo.** Si estás luchando con la autocrítica, imagina qué le dirías a un amigo que estuviera pasando por lo mismo.

- **Practica la atención plena.** La atención plena puede ayudarte a ser más consciente de tus pensamientos y a detener el ciclo de negatividad.

- **Busca apoyo.** Hablar con alguien de confianza sobre tus pensamientos negativos puede ofrecer nuevas perspectivas y puede ser un fuerte mecanismo de apoyo.

3. Aleja la culpa

La culpa es un sentimiento complejo que puede ser positivo o no. En pequeñas dosis, la culpa "reparadora" nos hace reconocer errores y buscar soluciones. Promueve normas éticas, previene daños, fomenta la responsabilidad y la empatía. Pero cuando se vuelve excesivo o "corrosivo", paraliza y daña la autoestima.

Mientras que la culpa corrosiva implica autocrítica desproporcionada. No nos lleva a soluciones, sino que profundiza el sufrimiento y la condena personal. Además genera angustia duradera, afecta relaciones y salud mental. Limita el aprendizaje por miedo a errar y se centra en el pasado impidiendo superar errores, pero la autocompasión ayuda a transformarla en crecimiento.

Para desarrollar un diálogo interno positivo, reconoce pensamientos negativos y practica autoafirmaciones compasivas. Sé paciente contigo mismo. Dedica tiempo diario a estas técnicas para contrarrestar la culpa corrosiva.

No permitas que te manipulen con la culpa. Mantén límites saludables ante chantajes afectivos, comparaciones destructivas o exigencias irracionales. Confía en tu criterio y no asumas culpas ajenas.

- **Practica el perdón y haz rituales para soltar la culpa corrosiva.** Haz ejercicios como escribir una carta de perdón a ti mismo, hacer afirmaciones positivas, o rituales donde simbólicamente sueltas el sentimiento de culpa. Esto ayuda a liberar emociones negativas del pasado.

- **Desarrolla un diálogo interno positivo.** Sé amable contigo mismo, como lo serías con un buen amigo. Cambia la autocrítica por mensajes de apoyo internos. Esto construye autoestima positiva.
- **No permitas la manipulación emocional con la culpa.** Reconoce si otros buscan controlarte con la culpa y pon límites amables pero firmes. No hay cargas con culpas ajenas.
- **Aprende de errores, no te condenes.** Acepta errores como oportunidades de mejora, pero no dejes que te definan completamente. Equilibrio con reconocimiento de cualidades positivas.

4. Cultiva la gratitud

Si has llegado hasta este punto, ya has aprendido a aceptar la realidad de tu situación y a neutralizar los pensamientos negativos que puedan sabotear tus esfuerzos. Ahora, es el momento de hablar sobre un ingrediente clave para superar cualquier desafío: la gratitud.

Cuando las cosas se ponen difíciles, es muy fácil caer en la trampa de concentrarte en lo que te falta o en tus fracasos. Este enfoque, sin embargo, solo sirve para drenar tu energía y minimizar tus posibilidades de éxito. Te hace sentir atrapado, desesperado y desmotivado, lo cual es lo último que necesitas cuando estás tratando de superar un desafío.

Aquí es donde entra en juego la gratitud. Al practicar la gratitud, cambias tu enfoque de lo que te falta a lo que tienes, de tus fracasos a tus éxitos, de tus desafíos a tus oportunidades. Este cambio de perspectiva es como un interruptor de luz en una habitación oscura; ilumina todo y te permite ver las cosas más claramente.

La gratitud no solo mejora tu perspectiva, sino que también tiene beneficios psicológicos reales. La gratitud está asociada con niveles más bajos de estrés y ansiedad, y con mayores niveles de felicidad y satisfacción en la vida. Cuando te sientes agradecido, también te sientes más optimista y motivado, lo que te da la energía que necesitas para tomar medidas constructivas.

Una de las formas más poderosas en que la gratitud beneficia tu vida es que te lleva a tomar medidas transformadoras. Al sentirte agradecido y optimista, te sientes más motivado para actuar. No solo ves el vaso medio lleno, sino que también te sientes impulsado a llenarlo hasta el borde.

- **Mantén un diario de gratitud.** Dedica unos minutos cada día para anotar cosas por las que te sientes agradecido. No tienen que ser grandes cosas; incluso las pequeñas bendiciones cuentan.

- **Habla de tu gratitud.** Comparte con amigos o familiares algo por lo que te sientas agradecido. Al verbalizarlo, solidificas tu sentimiento de gratitud.

- **Realiza actos de bondad.** Ser amable con los demás no solo es bueno para ellos, sino que también aumenta tus sentimientos de gratitud y bienestar.

- **Recuerda las veces difíciles.** A veces, recordar los desafíos que has superado en el pasado puede hacer que te sientas más agradecido por lo que tienes ahora.

5. Entra en acción

Tras transitar por el camino de la aceptación, la neutralización de pensamientos negativos y la gratitud, llegamos al punto crítico de todo este proceso: la acción.

Cuando llegas a la etapa de la acción, ya no eres la misma persona que empezó este viaje. Ahora tienes una mentalidad más optimista, una comprensión más profunda de tus propias fortalezas y recursos, y una sensación palpable de gratitud por las bendiciones en tu vida. Este es el terreno fértil en el que la acción florece.

Una vez que tienes la mentalidad adecuada, el siguiente paso es definir metas específicas que te ayudarán a superar tus desafíos. No se trata solo de decir: "Quiero ser mejor"; se trata de establecer metas específicas, medibles, alcanzables, relevantes y temporales (SMART, por sus siglas en inglés).

Actuar por el simple hecho de actuar puede ser contraproducente. La acción debe estar alineada con un propósito más grande, algo que te dé la fuerza para seguir adelante incluso cuando las cosas se pongan difíciles. Cuando tu acción está enraizada en un propósito, cada paso que tomas se siente significativo, lo que, a su vez, aumenta tu compromiso y resiliencia.

Aquí es donde todo cobra sentido. Al actuar, empiezas a ver los frutos tangibles de tus esfuerzos. Y estos resultados no solo resuelven el desafío que estás enfrentando, sino que también refuerzan enormemente tu agencia personal y autoeficacia. Se convierten en pruebas vivientes de tu capacidad para impactar positivamente en tu propia vida.

- **Traza tu ikigai.** Es la mejor manera para identificar tu propósito y, a partir de allí, fijar un plan y tomar acciones en torno a ese plan.

- Desarrolla un plan de acción. Una vez que hayas definido tus metas, elabora un plan detallado que describa los pasos específicos que tomarás para alcanzarlas.

- **Divide las tareas grandes.** Si una tarea parece demasiado grande o abrumadora, divídela en partes más manejables. Luego, aborda cada una de estas partes por separado.

- **Mantén un registro de tus logros.** Lleva un registro de cada pequeño logro en el camino hacia tu meta. Esto no solo te mantendrá motivado, sino que también te proporcionará un recurso valioso para futuros desafíos.

Un nuevo comienzo con
RENACE

Al llegar al final de nuestro recorrido juntos en estas páginas, quiero tomarte de la mano para que pensemos en lo que hemos compartido y aprendido. "RENACE" no es solo un conjunto de ideas; es un método personal que creé a partir de mi experiencia personal como hija CODA.

Quise regalarte una guía paso a paso diseñada para ayudarte a superar la adversidad y encontrar un renovado sentido de propósito y felicidad en tu vida.

A lo largo de estas páginas exploramos cómo aceptar las realidades de nuestras vidas, cómo cultivar la resiliencia y abrazar la empatía para con nosotros y los demás. Hemos aprendido que enfrentar las dificultades con buenas dosis de gratitud transforma profundamente nuestra existencia.

Cada capítulo ha sido un paso adelante en nuestro viaje de autoaceptación, desde reconocer y neutralizar nuestros pensamientos negativos hasta cultivar activamente una mentalidad de gratitud y comprensión.

Las historias inspiradoras de figuras como Stephen Hawking y Malala Yousafzai, junto con los principios del ikigai, nos han mostrado que todos tenemos algo único y valioso que aportar al mundo.

Ahora que cierras este libro, espero que sientas que "RENACE" te ha equipado no solo con herramientas para encarar la adversidad, sino también con una nueva mirada para asumir cada limitación como una oportunidad para crecer y fortalecer tu espíritu.

Porque renacer es un proceso continuo, un camino que elegimos seguir cada día. Y mientras sorteamos obstáculos,

aprender a vivir con mayor plenitud, sentido del propóisto y trascendencia. Lleva contigo la esencia de este método y deja que ilumine tu camino, inspirándote a vivir con un corazón más abierto y una mente más clara.

Gracias por permitirme acompañarte en este viaje de transformación. Espero que "RENACE" sea un compañero valioso en tu camino de crecimiento. Aquí no termina nuestra conversación; es, en realidad, un maravilloso y prometedor nuevo comienzo.

La primera edición de
RENACE
fue impresa en 2024.